楽しく学ぶ 理系の日本語トレーニング

中川 祐香 著

ナカニシヤ出版

「教授用資料／指導の手引き」ご提供のご案内

　本書をテキストとしてご採用・ご使用される教員の方には、本書を用いた指導に役立つ「教授用資料／指導の手引き」をご提供しております。ご希望の際は、

- 本書の書名（『楽しく学ぶ理系の日本語トレーニング』）
- ご氏名
- ご所属
- ご使用目的（講義名・受講者人数など）

をご明記のうえ、下のメールアドレスまでお問い合わせくださいませ。

manual@nakanishiya.co.jp

はじめに

この教科書を使うみなさんへ

　はじめまして。『楽しく学ぶ　理系の日本語トレーニング』へようこそ。

　私はこの本を、「理系の文章を書く基礎力」を学生が楽しみながら身につけられるようにという願いを込めて作成しました。この本は、2020年から大阪産業大学工学部で2000人以上の学生に使用されてきたものがもとになっています。特徴は、実際に「やってみる」ことで理系の文章の書き方や考え方を身につけていくという点にあります。この本は、大学生としての普遍的な日本語表現の習得に加え、技術者として将来社会に出ていくための基礎日本語力の養成をめざしデザインされています。書き方や考え方の基礎力をつけるための本ですので、工学系だけではなく理系全般、さらには他分野の学生も使用できます。

　理系の学生には、「だれが読んでも、同じ意味で伝わる」文章が求められます。理系の人材に必要な言語力は、感覚的なものではなく、具体的で明解な文章力です。文章でも口頭でも、自分の伝えたいことが相手に正しく伝わらなければ、コミュニケーションがうまく成り立ちません。この授業では、さまざまな活動を通して「情報を整理して伝える」トレーニングをおこなっていきます。この力は、学生生活だけではなく、将来の仕事につながるすべての基礎となるはずです。

　文章を書くのが苦手でも嫌いでも大丈夫です。理系の文章作成は、書き方と考え方のコツがわかれば攻略可能です。これからみなさんと一緒に楽しく日本語のトレーニングをしたいと思っています。では、トレーニングを始めましょう！

中川　祐香

理系の文章作成にまつわるお話

日本語の授業って必要？ 必要です！

　この教科書を受け取った人のなかには、「今さら日本語の授業を受けることに意味があるのだろうか？」と考える人もいることでしょう。私は、この教科書の内容を大学1年生のときに学びましたが、当時同じような疑問を抱いていました。それに対して今の私なら、「日本語を改めて学ぶことはとても重要だ」と答えます。なぜなら、この授業で学んだ知識をこれまで、そして現在も頻繁に活用しているからです。

　理系学生ならば、実験・実習のたびにレポート提出を求められ、卒業のためには1年間の研究成果をまとめた卒業論文を作成しなければなりません。また、私自身もそうですが、大学院生であれば学会原稿などを書くこともあります。これらの文章作成は、従来の作文のようにはいきません。書き言葉を使わなければならないし、情報を提示する順番などさまざまなことを考慮する必要があります。つまり、ふだん無意識に使う日本語とは異なる、情報を伝える文章としての日本語が鍵を握ります。その鍵の基礎的な部分を学ぶのがこの日本語授業であり、当時学んだことが今でも非常に役立っています。

　「日本語なんて」と軽く考えず、ここでいったんいつもより深く日本語について考えてみてください。単に〈日本語が話せる、書ける〉だけではない、〈情報伝達のための日本語〉をめざして。きっと、新たな発見や学びがあるはずです。

（川端 健斗 / 大学院生）

もくじ

はじめに　この教科書を使うみなさんへ　*1*

学習を始める前に　なぜ理系の文章を学ぶ必要があるのか　*4*

序章　理系の文章で求められること

この教科書のねらい／理系の文章とは？　*6*

理系の文章 特徴① 　要点先行型　*7*

理系の文章 特徴② 　パラグラフ・ライティング　*8*

理系の文章 特徴③ 　はじめ・中・おわり　*9*

⚠ 剽窃について　*12*

TIPS 1　書き方や入力のルール　*10*

TIPS 2　メールの送り方　*11*

第Ⅰ章　文章作成トレーニング

〈基礎編〉説明することに慣れる

トレーニング 1 　自分について伝える　*14*

トレーニング 2 　図形を伝える　*18*

トレーニング 3 　モノを説明する①　空間配列　*22*

トレーニング 4 　モノを説明する②　構造と機能　*26*

トレーニング 5 　手順を説明する①　*30*

トレーニング 6 　手順を説明する②　*36*

Point　「空間配列」のルール　*23*

TIPS 3　初対面の人と話を続けるコツ　*15*

TIPS 4　再現性　*29*

頭の体操　10を言えば勝ちゲーム　*35*

〈実践編〉理系の文章のパターンを知る

トレーニング 7 　論理的に述べる　*42*

トレーニング 8 　データに基づいて文章を書く①　数値の大きさ　*44*

トレーニング 9 　データに基づいて文章を書く②　比較　*50*

トレーニング 10 　データに基づいて文章を書く③　変化　*54*

● 復習問題 1~4　*60*

Point　「単純ブロック」と「合流ブロック」　*40*

Point　表現①「数値の大きさ」　*46*

Point　表現②「比較」　*51*

Point　表現③「変化」　*55*

TIPS 5　「文書」の種類と分類　*46*

TIPS 6　図表データの説明　*47*

TIPS 7　新聞記事の読み方　*59*

第Ⅱ章　書き言葉トレーニング

1 　A：文体／B：文末表現　*66*

2 　C：接続する表現　*67*

3 　D：副詞　*68*

4 　E：縮約表現　*70*

5 　F：形容詞・形容動詞・連体詞　*70*

6 　G：連用中止　*71*

7 　H：その他のルール　*72*

● 確認テスト 1～8　*73*

TIPS 8　「論理」によく使われる表現　*67*

参考資料　卒業論文概要の例　*78*

おわりに　*80*

参考文献　*80*

理系の文章作成にまつわるお話

工学専門の先生方が、それぞれの企業での勤務経験や教育経験から、「学生に伝えたいこと」を書いたコラムです。「文章を書くことは社会のどんな場面で必要になるのか」、「なぜいま理系の文章を学ぶ必要があるのか」などが、実感として理解でき、学ぶ意欲が高まりますので、ぜひ肩の力を抜いて読んでください。

- 日本語の授業って必要？必要です！　1
- 学生さんに望むこと　12
- 箇条書きはパラグラフよりもわかりやすい？　13
- 会社で部長に怒られた話　15
- メモを取ることの大切さ　20
- 技術の伝承の鍵は「文章作成力」　24
- 「転」は要らない　39
- いろいろな視点をもとう　45
- レポート作業は明日への活力　53
- 見えない電気をどう表現する？　53
- 技術文書作成における「守」「破」「離」　57
- 読書はハードルが高いが　64
- 手書き文章について思うこと　69
- 簡潔な文章作成も練習しよう！　71
- あいまいな表現　77
- 大学院に行こう！　77

本書で用いているマーク・アイコン

 「トレーニング」で身につけたい力を知る

 他の人と話し合うなどして大事なことを体験する

 前におこなった活動をふまえて実際に文章を書く

 学んだことを活かして新たな課題に自力で取り組む

 活動や課題を通して学んだことを書き込む

 スキルアップしていくためのワーク

 考えたり書いたりする投げかけ

 活動や課題を成功させるためのヒント

 活動がうまくできたか確かめるチェック

 ワークシートやメモをつくる作業

 書き言葉で書く箇所

 目標を達成するために押さえておきたい大事なこと

 知っておくと役に立つスキルやコツ

学習を始める前に
なぜ理系の文章を学ぶ必要があるのか

■「伝える」とはどういうことだろう？

　人は日常のさまざまな場面で情報を伝え合っています。情報を伝える手段は時代とともに進化してきました。なかでも、文章は古くから存在し、今でも多用されています。

〈大きな声で叫ぶ〉

〈電気・モールス信号〉

〈インターネット通信〉

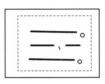
〈文章〉

　人間社会を構成する上で、"**情報を伝える**" ということは極めて重要です。そのなかでも**文章の占める役割**は大きいです。

■ 理系では、どのような情報伝達がおこなわれているのだろう？

　理系ならではの伝えるべき（伝えられるようになるべき）情報があります。それらの情報を伝えるときは、ふだんから無意識におこなっている情報伝達手段とは異なる要素を考える必要があります。

〈論文・報告書〉　　〈取扱説明書〉　　〈図面〉

もし、これらが不明瞭で、さまざまな解釈ができてしまったらどうなるだろう？

内容が本当に正しいものか判断できなくなる	思わぬ事故や故障を招く可能性	不良品や意図しない製品ができあがる可能性

▷理系で求められる情報伝達では、**より明確で解釈が１つに限定できる**ような工夫が求められます。
▷理系で求められる文章（文書）は、**自分の正当性や他の人の命を守る役目を負う**ことが多いです。

理系の文章で求められること

これから何を学ぶのかをつかむ

ねらい

- [ ] だれが読んでも、同じ意味で伝わるように書く。
- [ ] 何も知らない人にでもわかるように説明する。
- [ ] 「情報を整理して伝える」力をつける。

● この教科書のねらい

目標 TARGET

- ☐ だれが読んでも、同じ意味で伝わるように書く。
- ☐ 何も知らない人にでもわかるように説明する。
- ☐ 「情報を整理して伝える」力をつける。

● 理系の文章とは？

理系の文章 ３つの原則

① **あいまい表現を使わない**
　× たぶん、おそらく

② **感情を入れない**
　× 〜はすばらしい

③ **装飾をしない**
　× まるで〜のようだ

理系の文章 ３つの特徴

① **要点先行型**
　　　　　　　　　　　⇒ 7 ページ

② **パラグラフ・ライティング**
　　　　　　　　　　　⇒ 8 ページ

③ **はじめ・中・おわり**
　　　　　　　　　　　⇒ 9 ページ

３つの原則と特徴を意識して 簡潔かつわかりやすい文章を作成する！

● このテキストで作る文章では、まず次の３つのことを意識しよう！

ツボ

- ・１文を短くする（目安は 40 文字以内）。
- ・１文に情報を１つだけ入れる（１文１情報）。
- ・主語を明確にする。

| 理系の文章 特徴 ① | **要点先行型** |

＊その文章で一番言いたいこと（要点・結論）をはじめに書く。

例）<u>A案のほうが優れている。</u>なぜなら、……ためである。
　　　　　要点　　　　　　　　　　　　　理由

【参考】新聞記事も同様に要点先行型の文章になっています。実際の新聞記事を読んで、要点先行型であることを確認しましょう。

「東京一極集中」加速、転入超過7万9285人で3年連続増
…若年層の進学・就職・転勤で

2025/01/31　読売新聞オンライン

➡ **見出し**（要点）

　総務省は31日午前、住民基本台帳に基づく2024年の人口移動報告を発表した。東京都では転入者が転出者を上回る「転入超過」が7万9285人となり、3年連続で増加した。新型コロナウイルスの感染拡大が落ち着いた後、再び東京一極集中が加速している。

➡ **リード**（全体の要約）

　東京都への転入は46万1454人で、転出したのは38万2169人。転入超過数は過去最少だった21年の5433人から14倍以上となり、コロナ禍前の19年の8万2982人に迫っている。10〜30歳代前半の若年層で進学や就職、転勤などによるとみられる転入者数が多かったことが大きな要因となった。

　東京圏（東京、神奈川、埼玉、千葉の1都3県）への転入超過は13万5843人で、3年連続の増加だった。大阪圏（大阪、兵庫、京都、奈良の2府2県）は2679人の転入超過で、比較可能な14年以降、初めて転入超過に転じた。大阪府への転入超過数が1万6848人で、前年から拡大したことなどが影響した。

　都道府県別では、東京と神奈川、埼玉、大阪、千葉、福岡、山梨の計7都府県で転入超過となった。残りの40道府県は転出超過で、超過数は広島県の1万711人が最多だった。

➡ **本文**（具体的内容）

この記事は約500字あります。新聞記事は「見出し」と「リード」（第1パラグラフ）を読めば、後に続く記事全体のおおまかな内容（概要）を把握することができます。**文章全体を読まなくても、リードを読めば要点が把握できる点が「要点先行型」の特徴です。**

重要な情報
↓
詳細

| **見出し** | 記事の**一番重要な内容**を**短い言葉**でまとめている。

 見出しを読めば、ひと目で何についての内容かがわかる！

| **リード** | 記事内容を**短い文章**に**要約**している。

・記事の中心的な内容が書かれている。
・本文を要約している。

 「いつ・どこで・だれが・何を・なぜ・どのように」を探せますか？

◆ 新聞記事には5W1Hが含まれている。

p.59「TIPS」を見よう！

理系の文章 特徴② パラグラフ・ライティング

＊パラグラフ

1つのトピック（主題・話題）について説明した文の集まり

原則的に1つの**トピック・センテンス**（主題文）と複数の補足情報の文で構成されている。

＊トピック・センテンス（主題文）

　　主題　　　文

パラグラフの主題（中心となる内容）を1文で短く述べたもの

パラグラフ全体を通して何を言いたいのかを簡単に示す役割がある。

＊トピック・センテンスを作るときに必ず入れる2点

> 1. トピック（主題）が何か？ ＝「は」を入れる！
>   ※「は」：日本語で「主題（トピック）」を示す助詞
> 2. トピックについて何が言いたいのか？

例）✗ これからある図形について説明する。

　　〇 この図形 は 1つの正方形と横長の楕円、および2つの円からなる。
　　　　トピック　　　　　　トピックについて言いたいこと

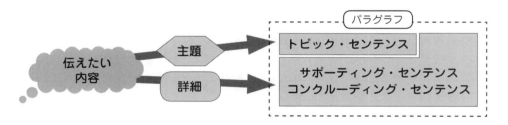

トピック・センテンス（主題文）　　　　　　　サポーティング・センテンス（補足情報の文）

　　　↓　　　はじめ　　　　　　　　　　　　　　　　　　　中

　この図形は1つの正方形と横長の楕円、および2つの円からなる。正方形の縦の辺の中点を結んで、正方形を2つの長方形に分ける。上の長方形に内接する楕円がある。下の長方形の中に円を2つ横に並べて描く。この2つの円は大きさが等しく、直径は正方形の辺の半分の長さとなる。以上がこの図形についての説明である。

　　　　　　　　　　　　　　　　↑　　　おわり
　　　　　　　　　　　コンクルーディング・センテンス（まとめ文）

? p.7 の新聞記事を見て、各パラグラフのトピック・センテンスに色をつけてください。そして、トピック・センテンスの「は」に〇をつけ、対応する述語に線を引きましょう。

理系の文章 特徴 ③　　はじめ・中・おわり

文章の最も基本的な構成であり、1つのパラグラフや章、節のなかには「**はじめ・中・おわり**」がある。

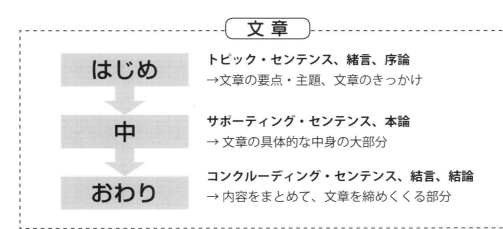

【参考】下の文章は、卒業論文の緒言（研究背景や目的を述べる部分）です。「**はじめ**」、「**中**」、「**おわり**」の3つに分解してみましょう。

　　現在，燃費向上が要求される航空産業などにおいて，軽量かつ高い強度・剛性を持つFRP（繊維強化プラスチック，Fiber Reinforced Plastics）の利用が広がっている．FRPの製造方法は用途に応じて様々であるが，品質と製造コストを重要視する分野ではRTM（Resin Transfer Molding）成形法が注目されている[1]．この成形法では，あらかじめ金型内に強化繊維基材を配置し，樹脂注入により樹脂含浸させ，硬化後に脱型し成形品を得る．また，上型をバギングフィルムに置換し，真空吸引により樹脂含浸を行うVaRTM（Vacuum assisted Resin Transfer Molding）成形法もある．
　　RTM成形では，強化繊維基材への樹脂含浸状態が成形品品質を左右する．これまでに，成形型に超音波振動を与えることで，繊維束への樹脂含浸などの改善を試みた研究例が複数報告されている[2]．本研究室でも，局所的超音波振動が樹脂含浸に及ぼす影響を実験的に調査してきた．しかし，これらの研究はいずれも定量的評価には至っておらず，樹脂含浸に適した振動付与方法の検討も不十分である．
　　本研究では，RTM成形およびVaRTM成形にて金型の異なる位置に局所的に超音波加振が可能なシステムを構築し，振動様式の測定および振動による成形への影響を調査した．

p.78の論文概要を見てみよう！

?　「**はじめ**」、「**中**」、「**終わり**」のそれぞれについて、分量やバランス、内容にはどのような特徴があるでしょうか？

書き方や入力のルール

● 原稿用紙の書き方の例

　　■書き始めは1字空ける。これをしなければ
　パラグラフ（段落）の切れ目がわからない。
　行の最後の文字の後に来る句読点は最後のマ
　スに入れる。数字とアルファベットは1マス
　に2文字ずつ入れるようにする。Wordなど
　で数字・アルファベットを入力する際は、基
　本的に半角に統一する。

← 書き始めは1マス空ける

→ 基本的な形式はどちらも同じ

● Wordなどのワープロソフトの書き方の例

〈良い例〉

　■書き始めは1字空ける。これをしなければ、パラグラフ（段落）の切れ目がわからない。行の最後の文字の後に来る句読点は最後のマスに入れる。数字とアルファベットは1マスに2文字ずつ入れるようにする。Wordなどで数字・アルファベットを入力する際は、基本的に半角に統一する。
　■また、このようにパラグラフ（段落）を新しくする場合は、次の行から1マス空けて書き始める。近年、1文ずつ改行する学生を多く見かけるが、これは禁止である。レポートなどまとまった文章を作成する際には、「パラグラフ（段落）」を作ることを覚えておいてほしい。

〈悪い例〉

→ レポートなどのまとまった文章では1文ずつ改行しない

　書き始めは1字空ける。
　これをしなければ、パラグラフ（段落）の切れ目がわからない。
　行の最後の文字の後に来る句読点は最後のマスに入れる。
　数字とアルファベットは1マスに2文字ずつ入れるようにする。
　Wordなどで数字・アルファベットを入力する際は、基本的に半角に統一する。
　また、このようにパラグラフ（段落）を新しくする場合は、次の行から1マス空けて書き始める。
　近年、1文ずつ改行する学生を多く見かけるが、これは禁止である。
　レポートなどまとまった文章を作成する際には、「パラグラフ（段落）」を作ることを覚えておいてほしい。

メールの送り方

メールを送る際に気をつけることを学ぶ

▶ 学校の先生にメールを送る際には、以下の点に注意しましょう。

- メールは、**大学（学校）のアドレス**から送る
- 必ず**名前と学籍番号を明記**し、用件を伝える
- **用件**はできるだけ**わかりやすく簡潔**に述べる
- 失礼のないように**言葉遣いに十分注意**する
- メール本文の最後には必ず**名前を書く**

例）インフルエンザにかかってしまい、授業を欠席する場合のメール

宛先　△△△△△△△△△△△.com　〔相手のメールアドレス〕

件名　本日の授業は欠席します　〔ざっくりと内容がわかる件名〕

○○先生　〔相手の名前〕

おはようございます。
△△の授業を履修している□□学科　99X999　工学太郎です。

〔はじめ
・自分の名前
・学籍番号〕

今日の授業ですが、インフルエンザにかかり体調不良のため
出席ができません。
授業課題はどのような問題でしょうか。教えてください。

〔中
・用件〕

お手数をおかけしますが、よろしくお願いいたします。

〔おわり
・挨拶〕

工学　太郎　〔自分の名前〕

💡 名前や所属、メールアドレスなどが自動で入力されるように設定できる場合もある。

以下の場合のとき、どのようなメールを送ればよいか考えてみましょう。

① 授業でわからなかったことを先生に聞きたい場合
② 課題・提出物の提出が間に合わなかった場合

さらに、実際にメールの文章を作ってみましょう。練習で作ったメールをこの授業の担当の先生に送信してみましょう。

「剽窃」について

「剽窃」：他人の文章などの文句または説を盗み取って、自分のものとして発表すること

だれかの文章をコピーして、自分のものとして使うのは犯罪行為です！

　インターネットで入手した他人の文章を「コピー＆ペースト（コピペ）」して、レポートや提出課題を作成することは極めて簡単ですが、完全な「盗用」です。基本的には、**試験におけるカンニングと同じく、不正行為とみなされ、同様の処分の対象となります。**また、そのような文章を公刊した場合は、知的所有権（著作権）を侵すことになり、犯罪として処罰されます。

理系の文章作成にまつわるお話

学生さんに望むこと

　文章提出前には必ず読み直してください。実験レポートは、手書きであったり、Wordによる電子ファイルであったりします。手書きでは、書いたのか消したのかわからない濃さの鉛筆の文章（跡？）が残されていたり、Wordでは、整然と文字列が並んでいるが、読んでみると突然文章が途絶えていたりします。これらは見直せば多くは改善できます。文章作成の練習ですのでしっかり考えて書いてください。

　また、レポート作成の際には他人の成果を無断で奪うコピペはしないでください。友人と議論等した結果、悪意なく無意識のうちに盗用してしまうこともあるようです。抜け道を探したり、「瓜田李下（かでんりか）」という言葉がありますが、紛らわしいこともやめておくべきです。報告書等の文章作成も日ごろの振る舞いも他人からどう見えるかは重要で、信頼を得ることにつながります。

（熊本　敏夫）

第 I 章

文章作成トレーニング

基礎編　説明することに慣れる

理系の文章作成にまつわるお話

箇条書きはパラグラフよりもわかりやすい？

　正解は……ケースバイケースです。パラグラフを書く練習をしていると、文章にすることに疑問を感じる人がいます。「箇条書きのほうがわかりやすいのではないか？」「箇条書きで書ければいいのではないか？」と思うようです。しかし、会社では、読む人にわかりやすく書くことが求められるので、箇条書きもパラグラフもどちらも書けないといけません。

　例えば、情報量の少ない内容や結論のみを伝える場合には、箇条書きのほうがわかりやすくなると思います。しかし、情報量が多い内容の場合、100頁にも及ぶ報告書を作成する必要があります。そのような場合にすべてを箇条書きにすると、かえってわかりにくくなって、伝えたいことが伝わらなくなります。つまり、どのような内容を伝えたいのかによって、箇条書きやパラグラフを使い分ける必要があります。伝えたい内容によって、伝わりやすい書き方を選択することが大切なのです。

（榎 真一）

自分について伝える

目標 TARGET
- ☐ 初対面の人や話したことがない人と話してみる。
- ☐ 仲間の名前を覚える。
- ☐ 自分について言葉で人に伝え、まとめる。

活動1 自己紹介をしよう

初対面の人や、あまり話したことがない人と話してみましょう。

手順
① ワークシートの中央に自分の名前を書いてください。
② 右下の欄には「自分で考えたテーマ」を書きます。
③ 近くの人とペアになり、1つテーマを選んでお互いに自己紹介をしましょう。
④ 終わったら次の人と話します。次の人と話すときはお互いに埋まっていないテーマで話します。多くの人と話し、マス目をよりたくさん埋めてみましょう。

自己紹介ワークシート

好きな○○ 【　　　】さん	好きな教科 【　　　】さん	将来の夢 【　　　】さん	今年の目標 【　　　】さん	出身地のこと（有名なもの、おすすめなど）【　　　】さん
最近、休日にしていること 【　　　】さん	好きなスポーツ（見る／する、どちらでもOK）【　　　】さん	自分の名前 【　　　】	大学生の間にやってみたいこと 【　　　】さん	実は○○が苦手！ 【　　　】さん
子どものときにはまっていたこと 【　　　】さん	今、買おうか悩んでいるもの 【　　　】さん	得意なこと 【　　　】さん	行ってみたい所 【　　　】さん	自分で考えたテーマ 【　　　】さん

初対面の人と話を続けるコツ

| まず |
- 相手に興味をもって話を聞きましょう。
- 相手の顔を見て話しましょう（メモも大切ですが、相手の目を見ることが大切です）。

| そのうえで |
- 相手の話の内容について「5W 1H」を使って質問してみましょう。

| そして |
- その話題をもう少し掘り下げてみてください。

5W1H　いつ? When?　だれ? Who?　どこ? Where?　なに? What?　なぜ? Why?　どのように? How?

＋　だれに?　どんな?　何のため?

理系の文章作成にまつわるお話

会社で部長に怒られた話

　私は大学を卒業して、建設会社で環境保全の仕事をしていたのですが、働いて10年目くらいに住民説明会での説明資料の作成をまかされました。しかし、その資料に詳しいことを書いても、住民の方は理解できないだろうと思い、理解しやすい簡単なことだけを書いたのです。短時間で作成できました。そうしたら、部長に「住民をなめるなよ」と怒られました。「住民の方のなかにも専門家はいるぞ」と。この経験で学んだことは、今でも心に残っています。わかりやすくするのはもちろんですが、根拠やデータを示すのも必要ということです（作成するのにすごく時間がかかりますが）。

　今、文章のトレーニングをしている人は、数年後には自分が仕事で文章を作成するのか、と不安になるかもしれませんが、大丈夫です。最初は形式が決まっている日誌など、先輩や上司が教えてくれれば、難なくできることをします。そして、徐々にその職場に必要な文章が作成できるようになると思います。ただし、内容をわかりやすくまとめた文章を作成するのは、いくら慣れていても時間がかかります。私は、今は大学の教員をしていて、文章を読んだり、書いたりするのが仕事の一部ですが、それでも、実験や調査の報告を短く、わかりやすくまとめるにはすごく時間がかかります。1ページ作成するのに、1日かかることもあります。言い換えれば、短時間で作成した文章はわかりにくいので、時間が必要ということです。

（藤長 愛一郎）

5年後の自分になって話そう

5年後、あなたはどこで何をしていますか。イメージしてみましょう。
今から、5年後に時間がワープし、あなたは同窓会の会場にいます。「5年後の自分」になりきって友人と会話をしましょう。

> **手順**
> ① 同窓会会場で大学時代に仲のよかった友人に会います。「わー、久しぶり！ いま何してるの？」で会話を始め、お互いの近況を語り合ってください。
> ② 「5年後の自分」の話の内容は、自分の好きなように作り上げてください。なりたい自分をイメージして、それが実現している気分で楽しく話しましょう。
> ③ 相手の話は興味をもってしっかり聴いてあげてください。「5W1H」を使って質問し、話を拡げましょう。
> ④ 話が終わったら、次の人と話しましょう。話した人の名前は覚えてください。

 「自分が望まないこと」は話さないようにしてください。日本語には「言霊（ことだま）」という言葉があり、「発した言葉どおりの結果が表れる」と言われています。望むことを言葉に出すようにしましょう。

 活動1や活動2を思い出してみましょう。初対面の人と話をするとき、どのようなことに気をつけたらよいと思いますか。できるだけ多く書き出してください。

課題1 「5年後のわたし」というテーマで文章を作成してください。自分が望む5年後の自分自身について詳しく書きましょう。

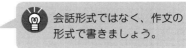 会話形式ではなく、作文の形式で書きましょう。

この課のツボ

図形を伝える

- ☐ 言葉だけによる情報伝達を体験する。
- ☐ 言葉だけで相手に情報を伝える際のコツや注意点を考える。
- ☐ 図形を文章で表現する。

 図形を描くゲームをしよう

これから、言葉での説明を聞いて図形を書くゲームをします。グループ対抗でおこないます。

① グループメンバーの名前を確認し、【図形伝達ゲームシート】のいちばん上の（　）に書いてください。

② グループのなかで「リーダー」と「タイムキーパー」を決めてください。この役割は毎回変更し、違う人にします。リーダーの名前を【図形伝達ゲームシート】に書き込んでください。

③ リーダーは担当図形を決めます。リーダーはその図形をしっかり覚えて、グループメンバーに説明できるように〈リーダーが見た図形〉欄にメモを取ります。このメモはくれぐれも他の人に（他のグループの人にも）見られないように注意してください。

④ 制限時間は５分です。リーダーは担当図形を「言葉だけ」で伝えてください。身ぶり手ぶりも、空中に描くのも禁止です。

⑤ リーダー以外の人は説明を聞いて、〈メンバーの回答〉欄にリーダーが意図した図形と同じものを考えて描いてください。リーダーへの質問は禁止です。

⑥ タイムキーパーは、タイマーを５分にセットし、ゲームを始めてください。

⑦ ゲームが終わったら、ゲームに要した時間を記入してください。

⑧ リーダーは正解の図形を見せ、グループメンバーは〈リーダーが見た図形〉欄に記入します。

⑨ 〈メンバーの回答〉欄と〈リーダーが見た図形〉欄を見比べ、〈合っていたところ・違っていたところ〉を書き出してください。また、なぜそのようになったのかについて話し合い、〈そのようになった原因の考察〉に書いてください。

⑩ 次のゲームを始める前に、対策を話し合いましょう。

図形伝達ゲームシート

グループメンバー（   ）

1回目 リーダー：   （   分   秒）

〈メンバーの回答〉

〈合っていたところ・違っていたところ〉

〈リーダーが見た図形〉

〈そのようになった原因の考察〉

2回目 リーダー：   （   分   秒）

〈メンバーの回答〉

〈合っていたところ・違っていたところ〉

〈リーダーが見た図形〉

〈そのようになった原因の考察〉

言葉だけで図形を伝えるとき、気をつけるポイントやうまく説明するコツは何ですか。できるだけたくさん書いてください。

理系の文章作成にまつわるお話

メモを取ることの大切さ

　みなさん、授業ではノートを取っていますか？　講義資料はpdfファイルで公開されているから不要？　スマートフォンで板書を撮影している人が多いですが、それでよいのでしょうか？　ノートを取る＝メモを取ることは社会に出ると必須のスキルです。例えば、仕事で社外秘の会議に出ているとき、記録をスマートフォンで撮ることは許されない場合が多いでしょう。そのときになればできると思っていませんか？　それはNOです。メモを取ることはスキルであり、訓練しないとできません。瞬時に必要／不必要を判断し、かつ、文字にして書き留めることは高度なスキルです。

　授業でノートを取ることは、その授業の知識を獲得するということもありますが、この高度なスキルを鍛えているとも言えます。授業での知識はすぐに仕事で役に立たないかもしれませんが、このスキルはすぐに役に立ちますし、絶対に必要なものです。このスキルがないと仕事ができない、とも言えます。そのことを頭に置いて、授業はその分野の知識を得るだけのものと考えず、メモを取るという高度なスキルを鍛えているとも考え、必ずノートを取ることを心がけましょう。

　メモを取ることの大切さをもうひとつお伝えします。「記録を取る」と言ってもよいかもしれません。卒業研究や仕事で新しいことに取り組むと、いろいろな課題に遭遇します。その課題はすぐに解決できない場合も多いでしょう。そのとき、必ず遭遇した課題を記録しておくことが大切です。その後、それを解決するために試行錯誤し、いろいろなものを調べ、ようやく解決に至るでしょう。解決したときには、解決にたどり着いた方法を必ず記録しましょう。おそらく、しばらく時間が経ってから、同じことに出会います。そのときに、最初と同じ時間をかけて解決することは、時間の無駄です。会社の仕事であれば、時間＝お金ですので、会社にとって大きな損失となります。しかし、課題と解決策を記録したメモがあると、そのことは課題ですらなく、ルーチンとなります。

　メモを取る、記録を取ることは、ちょっとしたことですが、あなたを鍛えるとともに、無駄を省く有力なツールとなります。

（熊澤　宏之）

次の文章を読み、余白にその図形を描いてください。

　この図形は1つの正方形と横長の楕円、および2つの円からなる。正方形の縦の辺の中点を結んで、正方形を2つの長方形に分ける。上の長方形に内接する楕円がある。下の長方形の中に円を2つ横に並べて描く。この2つの円は大きさが等しく、直径は正方形の辺の半分の長さとなる。以上がこの図形についての説明である。

課題1 活動1の＿＿＿回目の図形を、中学生にもわかるように文章で説明してください。 書き言葉

まず、伝えるべき項目をすべて書き出してみましょう。そのあとで、前ページの「ポイントやコツ」を参考に提示の順序を考えましょう。

自分の課題を見てチェックしよう！

		課題1
基本	A）常体で書けていますか？　書き言葉ですか？	☐
	B）1文が短いですか？（目標40字以内）	☐
	C）1文1情報ですか？	☐
	D）「はじめ・中・おわり」がありますか？	☐
応用	E）全体的な特徴を初めに示してから、細かい説明をしていますか？	☐
	F）説明文を読んで、絵が描けますか？	☐

この課のツボ

モノを説明する ① 空間配列

> **目標 TARGET**
> ■ 言葉だけを使って、「モノ」を正確に伝える。
> ■ 聞き手・読み手の立場を考慮して情報を整理し、提示する。
> ■ 空間配列のルールを理解し、応用する。

 「モノ」を正確に伝えよう

　これから、言葉を使って「モノ」を正確に伝える活動をします。ペアになり、A・Bの役割を決めてください。A・Bはそれぞれ別のモノを見ます。

- 自分が見たモノを、相手が頭の中に絵を描けるように「言葉だけ」で説明してください。
- 身ぶり手ぶりも、空中に描くのも禁止です。質問も禁止です。
- 聞く人は下の枠に絵を描いてください。描いているとき相手に絵を見せないでください。

〈A〉	〈B〉

> ❗ どちらも終わったらチェックしましょう。
> - 正しく描けましたか？（○　△　×）
> - 説明は明解でしたか？（○　△　×）
> - わかりやすい／わかりにくい点は？

 A・Bのモノを説明する際に、何を伝えましたか。また、そのほかに必要な情報はありますか。すべて書き出してください。

「空間配列」のルール

つくば言語技術教育研究所所長の三森ゆりかさんが、「空間配列のルール」を提唱されています。説明の手順を考えるとき、このルールをふまえるとわかりやすくなります。

1. 大原則　何かを説明するときに最も優先されるルール

概要から詳細へ　　全体から部分へ　　大きい情報から小さい情報へ

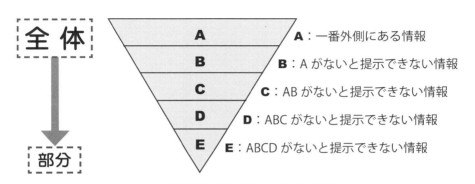

図 3-1　空間配列における逆三角形の情報提示
(右側の三角形の図は三森ゆりか『大学生・社会人のための言語技術トレーニング』より)

2. 小原則　説明の全体の流れを決めた後に、それぞれの部分を説明するときのルール

左から右（右から左）へ　　上から下（下から上）へ

手前から奥（奥から手前）へ　　外から中（中から外）へ

▶ 空間配列のルールを使って説明するときは以下の手順で考えましょう。
　① 説明が**必要な項目**を書き出す
　② **大原則**をふまえて説明する**項目の優先順位**を考える
　③ **小原則**をふまえて**項目ごとの説明**の流れを考える

※さらに詳しく知りたい方は、三森さんの著書『大学生・社会人のための言語技術トレーニング』（大修館書店）を読んでみてください。

? p.8 の下のほうの囲みの文章のうち、どの部分が「大原則」に沿って書かれ、どの部分が「小原則」にそって書かれているか、探してみましょう。

? 活動１のＡ・Ｂのモノを空間配列のルールを用いて説明するとき、「①どのような項目を」、「②どのような順序で」、「③どのように」説明しますか。ペアで話し合って、メモしてください。

課題 1 活動１の Ａ または Ｂ のモノを選び、空間配列のルールを用いて、中学生にもわかるように説明してください。ペアで説明の方法を考え、文章にしましょう。 書き言葉

理系の文章作成にまつわるお話

技術の伝承の鍵は「文章作成力」

　日本の製造業では、技術をどのように伝承するかという課題があります。技術と似た言葉に「ノウハウ」があります。技術とノウハウの違いは何でしょうか？

　ノウハウは技術者個人がもっているもので、技術力は企業のなかで技術者が共有できるものです。技術の伝承とは、この個人がもつノウハウを次の世代へ引き継いでいくということです。昔の徒弟制度では、ノウハウを伝承するために、師匠の動きを見て盗めといわれたものです。この方法は、ものづくりだけではなく、設計においても、多くの企業でおこなわれてきました。しかし、多くの時間を要するため、現代の技術の伝承には向いていません。それではどうすればいいのでしょうか？

　ノウハウをもっている技術者との会話などによって、理論を身につけた若手の技術者が、具体的な事象と理論を照らし合わせながら理解して「文章」にすることで、技術者が共有できるようにすればいいのです。理論に紐づけされたノウハウは「文章」となることで、企業内で共有できる「技術」として伝承されていきます。

（榎 真一）

次の旗を、中学生にもわかるように、空間配列のルールを用いて文章で説明してください。 書き言葉

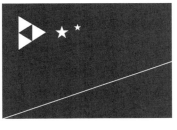

①必要な項目を書き出そう

②項目の優先順位を考えよう

―――――――――――――――――――――――――――――
―――――――――――――――――――――――――――――
―――――――――――――――――――――――――――――
―――――――――――――――――――――――――――――
―――――――――――――――――――――――――――――
―――――――――――――――――――――――――――――

発展 _____を、空間配列のルールを用いて説明してください。何を、どのような順序で、どのように説明するかを考え、文章にしましょう。 書き言葉

自分の課題を見てチェックしよう

		課題1	課題2
基本	A）常体で書けていますか？　書き言葉ですか？	☐	☐
	B）1文が短いですか？（目標40字以内）	☐	☐
	C）1文1情報ですか？	☐	☐
	D）「はじめ・中・おわり」がありますか？	☐	☐
応用	E）空間配列のルールをふまえ、項目が正しい順序で提示できていますか？	☐	☐
	F）説明文を読んで、絵が描けますか？	☐	☐

この課のツボ

モノを説明する ② 構造と機能

目標 TARGET
- 読み手の立場を考慮して情報を整理し、提示する。
- ある「モノ」について知らない人に、わかるように説明する。
- 構造や機能の要素を分けて取り出し、整理し、説明する。

活動1 「モノ」を知らない人に伝えよう

　あなたは100円ショップで外国の人に日本語で「これは何ですか」と質問されました。その人は手に下の絵のモノをもっています。その人が納得するように口頭で説明してあげてください。

どのような要素を説明したか書いてください。
他の人の意見も集めてリストアップしましょう。

名前「　　　　　　　　　　」

 上記の要素を「構造」的な要素と、「機能」的な要素に整理しましょう。

〈構造〉モノの造り、構成要素など

〈機能〉モノができること、能力など

活動2

　あなたは外国の大学の上級日本語クラス（日本語の新聞が読めるレベル）で使われる教材作成を手伝っています。上のモノについて、日本語の説明文を〈構造〉と〈機能〉のメモをもとに、提示順を考えて作ってみましょう。　**書き言葉**

　　　学習者はこのモノを知らない可能性が高いです。

課題1　矢印が指し示すモノについて、知らない人にもわかるように文章で説明してください。書き終わったら近くの人と交換し、よりわかりやすくできないか考えてみましょう。

書き言葉

名前「　　　　　」

①要素を書き出し「構造」と「機能」に分類しよう

②提示順を考えよう

課題2　次のモノについて、知らない人にもわかるように、文章で説明してください。書き終わったら近くの人と交換し、よりわかりやすくできないか考えてみましょう。　**書き言葉**

名前「　　　　　」

①要素を書き出し「構造」と「機能」に分類しよう

②提示順を考えよう

＿＿＿＿＿＿＿＿＿＿＿＿＿について、知らない人にもわかるように、文章で説明してください。 書き言葉

 構造、機能、用途、形状、取扱注意点などに着目しましょう。

 ①要素を書き出し「構造」と「機能」に分類しよう

②提示順を考えよう

			課題1	課題2
基本	A）	常体で書けていますか？　書き言葉ですか？	☐	☐
	B）	1文が短いですか？（目標40字以内）	☐	☐
	C）	1文1情報ですか？	☐	☐
	D）	「はじめ・中・おわり」がありますか？	☐	☐
応用	E）	「構造」と「機能」の項目が整理されていますか？	☐	☐
	F）	説明文を読んで、絵が描けますか？	☐	☐

自分の課題を見てチェックしよう！

この課のツボ

再現性

科学における重要な概念である「再現性」について知っておこう

　科学における重要な概念に、「再現性」というものがあります。再現性とは、ある研究で示された実験結果が再現できることを指します。つまり、「**だれがおこなったとしても、実験の手順と条件をふまえれば、同一の結果が得られる**」ように文章で提示する必要があるということです。このように、理系の文章において、「手順」の説明は非常に重要な役割をもっています。

再現性について、論文の場合で考えてみましょう。

● 論文に再現性がある場合

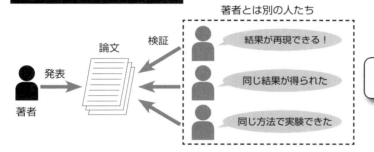

● 論文に再現性がない場合

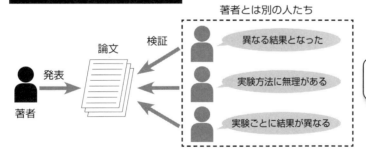

　実験方法と結果を的確に提示することは、あなたがおこなう実験の再現性を保証し、それによって意義があるものだということを示すことになります。そのため、「**実験ではどのような準備をし、どのような方法で実験を進め、どのような結果を得られたか**」を文章でしっかりと示すことが必要です。

実験の意義や信頼性を保証するために、**再現性を考慮した文章**を作成する必要がある。

手順を説明する ①

- [ ] だれにでも理解できるように、手順を説明する。
- [ ] 再現性を考慮し、文章を作成する。
- [ ] 手順の説明に使える表現を身につける。

? 「手順」とは、ものごとをする際の順序や段取りのことです。手順を説明する具体的な場面を、できるだけたくさん挙げてください。

活動1 ○×ゲームをしてみよう

　今からペアになって、○×ゲーム（三目並べ）をしてください。○×ゲームのルールを知らない人がいたら、説明してあげてください。2回目以降は余白を使いましょう。

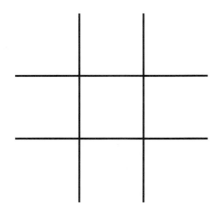

活動2 ○×ゲームのルールを説明しよう

　このゲームをしたことがない中学生に、わかりやすくルールを口頭で説明してください。どちらかが中学生役になって話しましょう。

> **!** 説明を聞いてどうでしたか？
> - 説明は明解でしたか？（ ○　△　× ）
> - わかりやすい／わかりにくい点は？

このゲームの手順を文章で説明しましょう。この文章を読むだけで、中学生でもゲームができるように書いてください。 書き言葉

準備：

手順（数字は各自で増やす）：
①
②
③

手順の説明に使う表現には、どのようなものがありますか。

活動3　糸電話の作り方を説明しよう

次のページの写真を見て、「糸電話の作り方」の手順をメモしてください。

準備　⎰ ・材料：
　　　⎱ ・道具：

手順（数字は各自で増やす）：

①

②

③

課題2　メモをもとに「糸電話の作り方」の手順を文章で説明してください。中学生がひとりでも作れるように書きましょう。 `書き言葉`

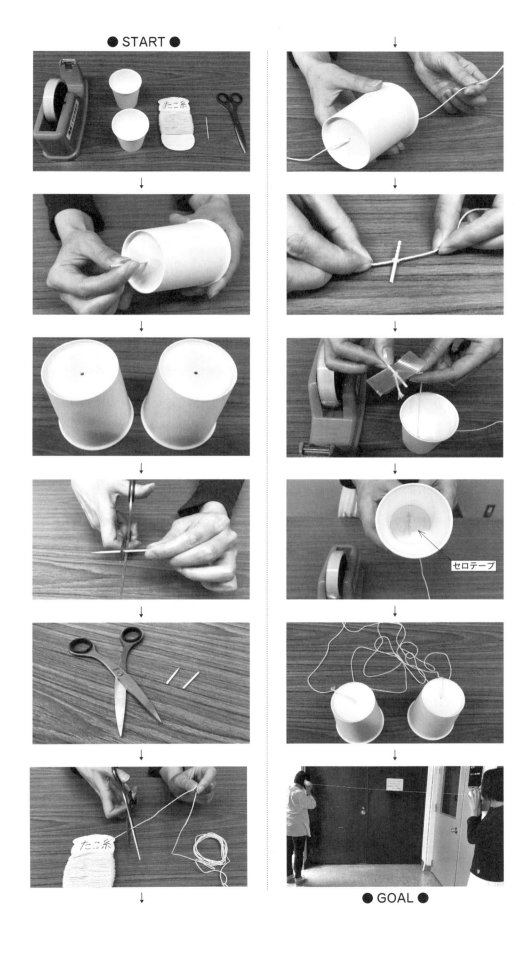

あなたが作れる料理を選び、その作り方の手順を文章で説明してください。 書き言葉

 準備 ・材料：
　　　 ・道具：

手順（数字は各自で増やす）：

①

②

③

			課題1	課題2
基本	A）常体で書けていますか？　書き言葉ですか？		☐	☐
	B）1文が短いですか？（目標40字以内）		☐	☐
	C）1文1情報ですか？		☐	☐
	D）「はじめ・中・おわり」がありますか？		☐	☐
応用	E）手順／ルールについて必要な情報が整理され、書かれていますか？		☐	☐
	F）「再現性」が考慮されていますか？　方法を知らない人が、文章を読むだけで再現することができますか？		☐	☐
	G）文のつながりが自然ですか？		☐	☐

この課のツボ

頭の体操
10を言えば勝ちゲーム

ある大学の学生Sは、T先生の研究室に遊びに行くことにした。

S「失礼します、お時間はございますか？」
T「こんにちは。急だけど、ちょっとゲームをしてみない？」
S「どんなゲームですか？」
T「二人で遊ぶんだけど」
S「はい」
T「まずは、先攻後攻を決める．先攻は、数を連続して3個まで好きに選んで言うんだ。まずは君が先攻でちょっとやってみよう」
S「はい、1、2」
T「2で終わったから、後攻は3から始めて3つまで数字を言うんだ。では、3、4、5」
S「6」
T「7、8、9」
S「10、11・・・」
T「ストップ！ 10を言ったほうが勝ちなんだ」
S「ということは、私の勝ちですね！」
T「そういうことだ。言う数字の個数を変えて、うまく自分が10を言うようにできるにはどうすればよいか、考えるところがこのゲームの考えどころなんだ」

会話文を読んで、ゲームをしてみよう

Mission 1 ゲームの遊び方をパラグラフ・ライティングの方法で説明せよ。

Mission 2 このゲームは先攻に必勝法がある。その必勝法を説明せよ。

Mission 3 「10」を「20」に変えると、先攻と後攻のどちらに必勝法があるか、考えよ。

手順を説明する ②

目標 TARGET
- 情報の重要度を見極め、順序だてる。
- 再現性を考慮し、文章を作成する。
- わかりやすく道順を説明する。

 道順を説明しよう

あなたが田川駅の南口に立っていると、知らない人に「空港行きのバス乗り場はどこですか？」と質問されました。下の地図を参考に、口頭だけでわかりやすく説明してあげてください。

 説明のポイントとなるところはどこですか。地図に書き込んで印をつけましょう。

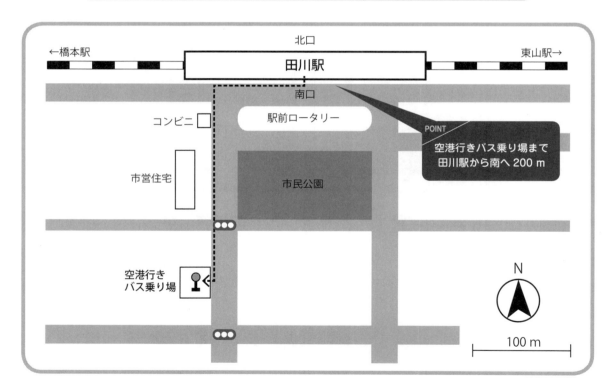

会話が終わったらチェックしましょう。
- 説明は明解でしたか？（〇　△　×）
- わかりやすい／わかりにくい点は？

道案内には「空間配列」の「概要→詳細」のルール（p.23参照）が効果的です。道案内における「全体的な情報（概要）」は何でしょうか。

 この道順を文章で説明しましょう。 書き言葉

 全体的な情報（概要）：

手順（数字は各自で増やす）：
①
②
③

場所1から場所2への道順を説明してください。「概要→詳細」のルールを意識して書きましょう。 書き言葉

 場所1・2は自分で決めてください。

 場所1：
　　　　場所2：

			課題1
自分の課題を見てチェックしよう	基本	A）常体で書けていますか？　書き言葉ですか？	☐
		B）1文が短いですか？（目標40字以内）	☐
		C）1文1情報ですか？	☐
		D）「はじめ・中・おわり」がありますか？	☐
	応用	E）道順について必要な情報が整理され、書かれていますか？	☐
		F）「概要→詳細」のルールを守り、初めに「大きい情報」が示せていますか？	☐
		G）「再現性」が考慮されていますか？　地図がなくて、行き方を知らない人が文章だけを読んで、目的地に行くことができますか？	☐
		H）文のつながりが自然ですか？	☐

この課のツボ

第 I 章

文章作成トレーニング

実践編　理系の文章のパターンを知る

> 理系の文章作成にまつわるお話

「転」は要らない

　「起承転結」という言葉を聞いたことがあるでしょうか？　作文をするときの文章の構成として学んだ人もいるでしょう。私も小学校でこの作法を学んで以来、中高の作文の時間は意識して使っていました。

　ところが、大学に入って卒業論文を書くときに、この作法が通用しなくなるのです。「どうしてこの研究を始めたか（起）」、「どうやってこの研究を進めたか（承）」、「どんな結論が得られたか（結）」で完結するため、「転」がありません。困って指導教員に尋ねました「どうやって（転）を入れたらよいですか？」。返ってきた答えは「科学的で論理的な文章には（転）は要らないんだよ。（起承転結）は科学的な教育にとってはむしろ有害なんだ」というものでした。衝撃でした。それ以来、今度は意識して「転」が入らないようにしています。これから書こうとしている内容が、いま書いている論理に必要か否か、突拍子もない展開になっていないかどうか、そういう観点で文章を構成すると、格段に理系っぽい文章が書けるようになりました。

　文章を書いていると、ついつい余計なことを書きたくなる誘惑に囚われます。しかし、みなさんも「転」は不要です。感動的で訴えかける文学作品を書くわけではありません。実施したこと、得られたことを客観的に、まっすぐ論理がつながるように文章を構成しましょう。

（杉山 明）

Point! 「単純ブロック」と「合流ブロック」

論理的思考のパターンを知ろう

　自分の考えを主張するときや相手を説得するときなどは、もとになる考えに妥当性がなければなりません。妥当性を保証するためには、ある筋道に沿って考えを組み立てる必要があります。これを「**論理的思考**」と呼びます。論理的思考にはパターンがあり、「**単純ブロック**」と「**合流ブロック**」の2種類があります。

【参考】横尾清志 著『日本語を鍛えるための論理思考トレーニング』(ベレ出版, 2007)

単純ブロックと合流ブロックを図で確認してみましょう。

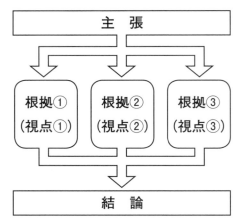

単純ブロックと合流ブロックを見比べてみましょう。

- **単純ブロック**：1つの視点で考えているため、ある根拠について反論された場合、他の根拠も同様に反論されてしまう可能性がある。
- **合流ブロック**：それぞれ別の視点で考えているため、ある根拠が反論された場合でも、他の根拠への影響は小さい。

　　　いろいろな視点で考える合流ブロックのほうが、反論に対してより強い。

例）ある主張に対して、2つのパターンで考えられた根拠の例を見比べてみましょう。

主張「私はいちごケーキが買いたい」

◆単純ブロック
根拠①：ケーキは甘くておいしい
　　　（視点①：味）
根拠②：クリームを食べたい
　　　（視点①：味）
根拠③：いちごを味わいたい
　　　（視点①：味）

◆合流ブロック
根拠①：ケーキは甘くておいしい
　　　（視点①：味）
根拠②：今日はケーキの特売日だからケーキが安い
　　　（視点②：値段）
根拠③：最近、近くに新しいケーキ屋ができた
　　　（視点③：場所）

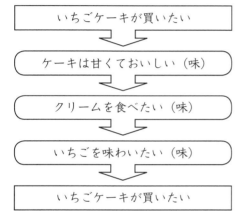
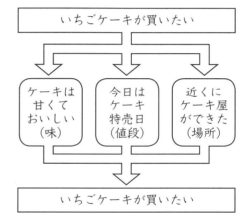

「自分の考え」を「妥当性のある主張」にするためには、客観的な事実を用いて考えが正しいことを証明する必要があります。自分の意見をそのまま述べたレポートは、感想文や作文と同じになってしまいます。そのため、データなどの事実によって正当性を証明することが重要です。

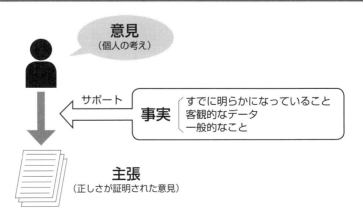

論理的に述べる

> **目標 TARGET**
> - ☐ 主張に対し、説得力のある根拠を考える。
> - ☐ 論証型小論文の構成で、文章を作成する。
> - ☐ 自分の考えを述べる。

 親と子になって話そう

ペアになって、「親」と「子ども」の役を決めてください。小学5年生の子どもはスマホがほしくてたまりません。親は子どもにスマホはもたせたくないと考えています。自分の意見が通るように相手を説得してください。

> ❗ 会話が終わったらチェックしましょう。
> - どちらが優勢でしたか？（ 親 ・ 子ども ）
> - どうしてですか？

 A・Bどちらの立場の理由も考えて、できるだけたくさん書いてください。

A：子どもはスマホをもってもいい	B：子どもにスマホは必要ない
・	・
・	・
・	・
・	・
・	・
・	・

💡 他の人の意見も集めてリストアップしましょう。

主張の根拠を書いてみよう

あなたの主張を選んで書きましょう。自分の主張に対する根拠を、合流ブロックを使って考えてみましょう。

| 主 張 | A：子どもはスマホをもってもいい | B：子どもにスマホは必要ない |

主張

根拠①　（視点：　　　　　　）

根拠②　（視点：　　　　　　）

根拠③　（視点：　　　　　　）

結論

 他の人と見せ合って、合流ブロックになっているか確認しましょう。

 それぞれの根拠が正しいかどうか証明するためには、どうしたらいいでしょうか？

トレーニング 8 データに基づいて文章を書く ① 数値の大きさ

目標 TARGET
- ☐ データを正確に読み取り、情報を選択する。
- ☐ 「数値の大きさ」を示す表現を用いて、データ数値を正しく表現する。
- ☐ データを文章化する際の注意点を理解する。

活動1 データから情報を正確に読み取ろう

図 8-1 を見て、下の文章の空欄を埋めてください。

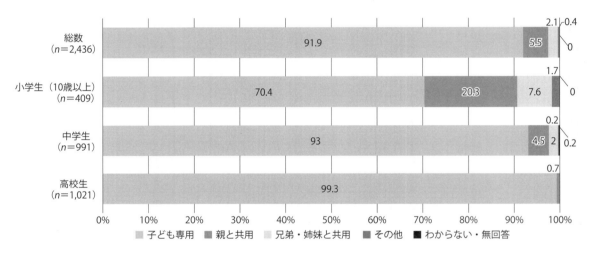

図 8-1　青少年の機器の専用率（学校種別・スマートフォン／令和5年度）
（こども家庭庁，2024「令和5年度　青少年のインターネット利用環境実態調査」より作成）

　自分のスマートフォンをもつこどもの割合は多い。図 8-1 に　　　　　を示す。こども家庭庁が実施した「　　　年度　青少年のインターネット利用環境実態調査」によると、自分専用のスマートフォンを使っている小学生は　　　　％を占めるという。また、「親と共用」は　　　　％、「兄弟・姉妹と共用」は　　　　％となっている。スマートフォンの専用率は、中学生で　　　　％、高校生では　　　　％に及ぶ。この結果から、青少年の大半は自分のスマートフォンでインターネットを利用していることがわかる。

　上記のパラグラフのトピック・センテンスに下線を引いてください。

44

活動2 文章から図を書いてみよう

次のパラグラフを読み、パラグラフのトピック・センテンスに下線を引いてください。そして、右の円グラフを完成させてください。

スマートフォンやタブレット端末での子どものオンラインゲーム課金トラブルが目立っている。図8-2は、子どものオンラインゲームの無断課金に関する相談の内訳を示したものである。2022年度、全国の消費生活センターには、小中高生が契約当事者のオンラインゲームの課金に関する相談が4,024件あったという。契約購入額の平均は33万円に上る。相談の約半数が小学生のトラブルで49%（1,988件）を占める。次いで、中学生が38%（1,513件）、高校生が13%（523件）となっている。これより、相談のうちの約9割は小・中学生が契約当事者となっていることがわかる。

（国民生活センター，2024「子どものオンラインゲーム 無断課金につながるあぶない場面に注意!!」より作成）

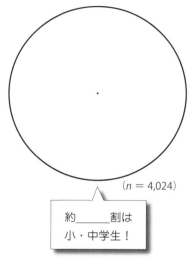

($n = 4,024$)

約_____割は
小・中学生！

図8-2 子どものオンラインゲームの無断課金に関する相談の内訳

 描いたグラフを近くの人と見せ合い、正しいかどうか確認しましょう。

理系の文章作成にまつわるお話

いろいろな視点をもとう

現代を生きる人々の価値観は多様で、それぞれがさまざまな意見を抱いています。そのためにもデータ分析結果は、受け取る側の価値観を考慮した上で、さまざまな視点からとらえて出すのがよいと思われます。そのためには、オーソドックスな方法だけではなく、他者が思いもよらない見方でアプローチしてみることが大切だと思います。そこから新たな発見やアイデアに結びつくケースがあるかもしれないからです。

数値データを文字や言葉で表現することは、非常に困難な作業だと思います。私自身も、学生時代に思いもよらず理論系のゼミに入ってしまい「定理の証明」に苦戦した経験があります。しかし、社会人となってからリアルな実験に取り組んだときに、データ解析にそのときの経験を生かせたと思うこともありました。

みなさんもぜひ、多様な視点でものを見る習慣をつけ、学生時代にしかできないような経験を積んでください。きっと今後の仕事や人生にプラスに働くと思います。

（中山 万希志）

活動1と活動2にあるパラグラフのなかから「数値の大きさの表現」を探し、丸で囲みましょう。

Point! 表現① 「数値の大きさ」

1 図表の提示
- 図1は 〜 を示したものである／示している
- 図1に 〜 を示す

2 図表のデータの説明

数値の大きさの表示

・〜以上　　　　　　　X ≧ 〜	・〜以下　　　　　　　　　X ≦ 〜
・〜を超えている　　　X ＞ 〜	・〜未満　　　　　　　　　X ＜ 〜
・〜を占める　（割合を示す）	・〜に満たない／〜に達しない　X ＜ 〜

数値の大きさの評価 自分の評価・判断が入る！

【「〜」が「多い」という評価】	【「〜」が「少ない」という評価】
・〜に上る	・わずか〜
・〜に及ぶ	・〜にすぎない
・〜に達する　（記録達成の印象、きりのいい数字）	

3 まとめ文　＊データから判明したことをまとめる　←ここで初めて自分の解釈が入る

- これより／以上のことから（より）、〜 ことがわかる／明らかである
- この結果／以上のことは 〜 ことを示している

「文書」の種類と分類

● 「文書」……書類やレポートなど、参照されることを前提に書かれた文章

① 「文書」には種類がある
例：報告書、企画書、提案書、契約書、使用説明書、論文、実験レポート…

② 文書を分類するときに注目するポイント
1) **対象**　例：経営者、営業担当者、技術者、客先、自社、一般の人、先生…
2) **目的**　「事実を伝える」ための文書か、「相手を説得する」ための文書か

▶使う表現が変わる　　情報の種類・解像度　　専門用語を使うかどうか

図表データの説明

図表データの説明をするときの注意点を学ぶ

データを示したいときは、図や表を用いることが効果的です。ただし、図や表を示すだけだと、読み手はあなたが何を示したいのか理解できません。そこで、文章による図や表の説明が必要です。図表データを説明するときは、**自分の感情や考えを入れずに客観的に書く**ことが重要です。まずは冷静にデータを見て、情報を正確に取り出しましょう。

「図表データの説明」と「考察」の違いについて考えてみましょう。

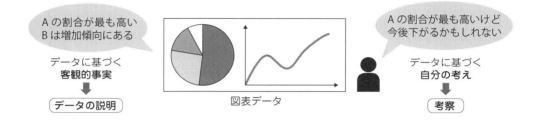

POINT① はじめに、説明する内容の全体像を決める

まずは、「自分はこのデータを使って何を言うのか」を定めて、その後「データのどの部分を、どのように提示するか（順序、表現など）」を決めましょう。

POINT② データから説明する内容を厳選する

必要のない数値までだらだらと羅列する必要はありません。トピック・センテンスにあった内容を厳選することを意識しましょう。

POINT③ データは正確に示す

図表データの説明では、曖昧な表現を避け数値を提示するなどして、より正確にデータを表現しましょう。

データを基に自分の考えを述べる「考察」も非常に大切な要素です。図表データの説明では、**事実と考察をしっかりと切り分ける**ことが重要です。

図表データを説明する際は、データが示す客観的事実のみを、より正確に文章で表現することが重要である。

活動 3 データから情報を正確に読み取ろう

1）次の図 8-3 をパラグラフで説明したいです。どの数値に注目しますか。

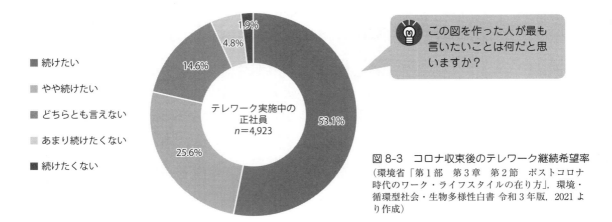

図 8-3　コロナ収束後のテレワーク継続希望率
（環境省「第 1 部　第 3 章　第 2 節　ポストコロナ時代のワーク・ライフスタイルの在り方」，環境・循環型社会・生物多様性白書 令和 3 年版，2021 より作成）

2）図 8-3 を説明するパラグラフの**トピック・センテンス**を作ります。自分が示したいことの要点を、**数値を使わずに** 1 文で説明してください。

トピック・センテンス	

3）図 8-3 から、作ったトピック・センテンスを支持する 3 つの情報を書き出しましょう。

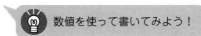 数値を使って書いてみよう！

-
-
-

 課題 1　活動 3 の 3 ）で書き出した 3 つの情報をもとに、図 8-3 の説明を文章で書いてください。p.46 にある「数値の大きさ」の表現を使いましょう。 書き言葉

① **トピック・センテンス**を作成する。
② 図 8-3 の**図表の提示、図表データの説明**を作成する。
③ データの説明が終わったら、**まとめ文**を書く。

 自分で書き出した 3 つの情報を参照しよう！

トピック・センテンス	2）を写しましょう
図表の提示	
図表データの説明	3）の内容を文章にまとめましょう
まとめ文	

			課題1
自分の課題を見てチェックしよう	基本	A）常体で書けていますか？　書き言葉ですか？	☐
		B）1文が短いですか？（目標40字以内）	☐
		C）1文1情報ですか？	☐
		D）「はじめ・中・おわり」がありますか？	☐
	応用	E）データの要点がグラフを見ていない人にも伝わるように書けていますか？	☐
		F）トピック・センテンスを読めば、その先に続く内容を推測できますか？	☐
		G）トピック・センテンスを支える情報を選び、書けていますか？	☐
		H）「数値の大きさ」の表現が使えていますか？	☐
		I）データを客観的に示せていますか？　「図形データの説明」部分に自分の考え（考察）が入っていませんか？	☐

この課の ツボ	

トレーニング 9 データに基づいて文章を書く ② 比較

目標 TARGET
- ☐ データを正確に読み取り、情報を選択する。
- ☐ 「比較」を示す表現を用いて、データ数値を正しく表現する。
- ☐ データの文章化に慣れる。

活動1 データから情報を正確に読み取ろう

1) 次の図 9-1 を文章で説明したいです。どの数値に注目しますか。

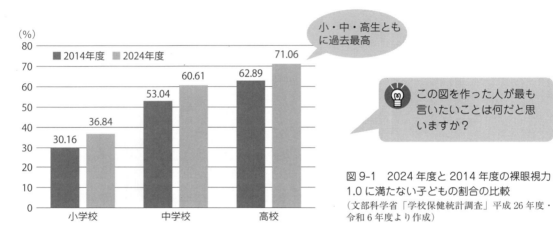

図 9-1 2024 年度と 2014 年度の裸眼視力 1.0 に満たない子どもの割合の比較
（文部科学省「学校保健統計調査」平成 26 年度・令和 6 年度より作成）

2) 図 9-1 を説明するパラグラフの**トピック・センテンス**を作ります。自分が示したいことの要点を、**数値を使わずに** 1 文で説明してください。

トピック・センテンス	

3) 図 9-1 から、作ったトピック・センテンスを支持する 3 つの情報を書き出しましょう。

「比較」に注目し、数値を使って書いてみよう！

-
-
-

表現② 「比較」

1 図表の提示

- 図1は〜を示したものである／示している
- 図1に〜を示す

2 図表のデータの説明

対比

- Aは〜。Bは〜
- Aは〜。一方、Bは〜 【2文】
- Aは〜。これに対し、Bは〜 【2文】
- Aは〜。これに反し、Bは〜 【2文】

- Aは〜一方で、Bは〜 【1文】
- Aは〜のに対し、Bは〜 【1文】
- Aは〜のに反し、Bは〜 【1文】

二者の比較

- AよりBのほうが〜
- AはBより／よりも〜
- AはBと比較すると／比べると／比較して／比べて〜

- AとB（と）では、Aのほうが〜
- AとBとを比較すると／比較すれば、Aのほうが〜

- AはBの〜倍である／となっている
- AはBの〜分の〜である／となっている

三者以上の比較

- 〜のなかで／うちで／うちAが最も〜　　例）Aが最も比率が高く、…％である。
- 〜のなかで最も〜のはAである　　例）最も比率が高いのはAで、…％である／となっている。

- 次はBである
- 次に〜のはBである　　例）Aの次に高いのはBで、…％である／となっている。
- （Aに）次いで〜のはBである　　例）Aに次いで高いのはBで、…％である／となっている。

- その次はCで、以下、D、E、Fと続く／の順になっている

3 まとめ文　＊データから判明したことをまとめる　←ここで初めて自分の解釈が入る

- これより／以上のことから（より）、〜ことがわかる／明らかである
- この結果／以上のことは〜ことを示している

 課題1　活動1の3）で書き出した3つの情報をもとに、図9-1の説明を文章で書いてください。上の「比較」の表現を使いましょう。 書き言葉

 手順

① **トピック・センテンス**を作成する。
② 図9-1の**図表の提示**、**図表データの説明**を作成する。
③ データの説明が終わったら、**まとめ文**を書く。

 自分で書き出した3つの情報を参照しよう！

トピック・センテンス	2）を写しましょう
図表の提示	
図表データの説明	3）の内容を文章にまとめましょう
まとめ文	

			課題 1
自分の課題を見てチェックしよう	基本	A）常体で書けていますか？　書き言葉ですか？	☐
		B）1文が短いですか？（目標 40 字以内）	☐
		C）1文1情報ですか？	☐
		D）「はじめ・中・おわり」がありますか？	☐
	応用	E）データの要点がグラフを見ていない人にも伝わるように書けていますか？	☐
		F）トピック・センテンスを読めば、その先に続く内容を推測できますか？	☐
		G）トピック・センテンスを支える情報を選び、書けていますか？	☐
		H）「比較」の表現が使えていますか？	☐
		I）データを客観的に示せていますか？　「図形データの説明」部分に自分の考え（考察）が入っていませんか？	☐

この課の ツボ

> 理系の文章作成にまつわるお話

レポート作業は明日への活力

　企業では、特にエンジニアの場合、仕事の節目ごとにレポートの提出が求められます。上司は、部下のレポートを読んでその仕事の進み具合を計り、次の計画を立案します。そのプロセスが日々繰り返され、企業が成長していきます。レポートがなければ仕事が終わったと判断されず、個人が評価されない場合もあります。だから、レポートは企業の将来にとっても、個人の成長にとっても非常に重要なものです。私は、レポートを提出することでその仕事から卒業でき、次の仕事に向かうエネルギーを得ていたように思います。

　上質のレポートは、一次上長を超えて二次上長まで上がります。そうすれば評価も上がり、やりがいのある仕事がどんどん回ってきます。上質のレポートとは簡単に言えば、課題、目的、手段、結果の４つが明確に記載されているものです。技術レポートの場合、手段や結果に図表を添えると具体性が増してよりわかりやすくなるでしょう。また、上記４つを読み手がスムースに理解できる構成にすることはとても重要です。私はその対策として、文章の目次作りに気をつけていました。目次を作るには仕事の全体像を振り返り、各要点を把握する必要があります。そこで出た要点を上記４つの項目に反映させて目次化し、読みやすいレポートとなるよう心がけていました。

　忙しい仕事のなかでのレポート作りは大変なことかもしれません。その作業を効率よく、そして楽しくおこなっていくために、レポート作りのノウハウを学んでほしいと思います。もちろん私自身も日々学んでいます。

（岩田 明彦）

> 理系の文章作成にまつわるお話

見えない電気をどう表現する？

　電気電子情報工学を応用した製品は、スマートフォン、コンピュータ、テレビから太陽電池など、私たちの日常生活に欠かせないものになっています。ところが実際どのようなしくみで動作しているのか考えたことがありますか？　実は、電気電子情報工学の分野で取り扱う内容・現象は、目で見ることができず、それがこの分野を学ぶことが難しいと思われている理由のひとつです。見えないものや現象について学んだり、説明するための道具として数式が使われます。

　数式を使用する場合、式を構成している変数が何を表しているのか相手に伝わるように日本語で説明する必要があります。例えば、$V = RI$ と書いているだけでは何を伝えたいのかわかりません（電気回路を学んだ人はオームの法則と気づくかもしれませんが）。この場合、抵抗 R に電流 I が流れたときの抵抗の両端の電圧を V とすると、電圧 V は抵抗 R または電流 I に比例する、と説明を入れることで電圧、電流、抵抗の関係のイメージが伝わります。

　大学入学前までは、途中の導出過程よりも最後の答えの正答率で成績が決まっており、試験直前に公式を丸暗記して対策をしていたかと思いますが、大学では最後の答えよりも導出過程で評価されます。最初、とまどうかもしれませんが、社会に出てから必要とされる「論理的に相手に説明できること（論理的な思考）」を訓練していると考えて下さい。電気電子情報分野を学ぶ上ではイメージが重要となるので、数式の意味をしっかりと考えて、自分なりにイメージができるようになると、新しいことが見えてくると思います。

（草場 光博）

データに基づいて文章を書く ③
変化

目標 TARGET
- データを正確に読み取り、情報を選択する。
- 「変化の形容」を示す表現を用いて、データ数値を正しく表現する。
- データの結果からその原因を考察し、文章で表現する。

活動1 データから情報を正確に読み取ろう

1）次の図10-1を文章で説明したいです。どの変化に注目しますか。

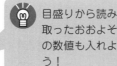
目盛りから読み取ったおおよその数値も入れよう！

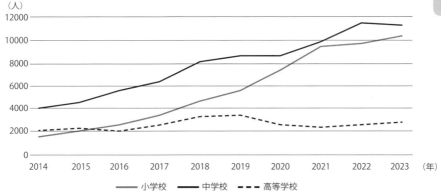

図10-1 「パソコンや携帯電話等で誹謗・中傷や嫌なことをされる」様態のいじめ認知件数の推移
（文部科学省「児童生徒の問題行動・不登校等生徒指導上の諸課題に関する調査」をもとに作成）

2）図10-1を説明するパラグラフの**トピック・センテンス**を作ります。自分が示したいことの要点を、**数値を使わずに**1文で説明してください。

トピック・センテンス	

3）図10-1から、作ったトピック・センテンスを支持する3つの情報を書き出しましょう。

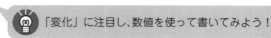
「変化」に注目し、数値を使って書いてみよう！

-
-
-

Point! 表現③「変化」

1　図表の提示

- 図1は 〜 を示したものである／示している
- 図1に 〜 を示す

2　図表のデータの説明

変化の表示　⚠ 自分の評価・判断が入る！

- 〜 は 大きく／大幅に／著しく 〜 ている／た
- 〜 は 急速に／急激に 〜 ている／た
- 〜 は 次第に／徐々に 〜 ている／た
- 〜 は やや／わずかに 〜 ている／た

変化がないことの表示

- 〜 に 変化はない／なかった／見られない／認められない
- 〜 は 不変である／であった
- 〜 は 一定である／であった

　　　　　　　　　　　　　　　　　　　　} まったく変化がない場合

- 〜 に 大きな変化はない／なかった／見られない／認められない
- 〜 は ほぼ不変である／であった
- 〜 は ほぼ一定である／であった

　　　　　　　　　　　　　　　　　　　　} ほとんど変化がない場合

- 〜 は 横ばい状態である／であった　　} 数値が長期間にわたってほとんど変わらない場合

3　まとめ文　＊データから判明したことをまとめる　←ここで初めて自分の解釈が入る

- これより／以上のことから（より）、〜 ことがわかる／明らかである
- この結果／以上のことは 〜 ことを示している

4　原因の考察・予測　←この結果はどうして起こったのか、これからどうなるか、自分の考えを書く

- 〜 が ── のは 、…… ためである
- 〜 が ── のは 、…… による　　　　　＊「──」には「結果」を書く
- ──は …… によるものである　　　　　＊「……」には「原因」を書く
- ──原因は …… である／にある　　　　＊後に「〜と考えられる」など、判断を
- ──原因として 、…… がある／あげられる　　表す表現をつけることが多い。
- …… ため／ために──
- …… により／によって──

- 〜 と予測される／予想される　　　　　・〜 が予測される／予想される

活動1の3）で書き出した情報をもとに、図10-1の説明を文章で書いてください。p.55にある「変化」の表現を使いましょう。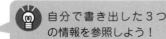

① **トピック・センテンス**を作成する。

② 図10-1の**図表の提示、図表データの説明**を作成する。 自分で書き出した3つの情報を参照しよう！

③ データの説明が終わったら、**まとめ文**を書く。

④ **考察**を書く。 この結果はどうして起こったのか、データをどう解釈するか、そこからどのようなことが言えるか、これからどのようなことが予測できるか、など、自分の考えを書きましょう。

トピック・センテンス	2）を写しましょう
図表の提示	
図表データの説明	3）の内容を文章にまとめましょう
まとめ文	
考察	

			課題1
自分の課題を見てチェックしよう	基本	A）常体で書けていますか？　書き言葉ですか？	☐
		B）1文が短いですか？（目標40字以内）	☐
		C）1文1情報ですか？	☐
		D）「はじめ・中・おわり」がありますか？	☐
	応用	E）データの要点がグラフを見ていない人にも伝わるように書けていますか？	☐
		F）トピック・センテンスを支える情報を選び、書けていますか？	☐
		G）トピック・センテンスを読めば、その先に続く内容を推測できますか？	☐
		H）「変化」の表現が使えていますか？	☐
		I）データを客観的に示せていますか？「図形のデータの説明」部分に自分の考え（考察）が入っていませんか？	☐
		J）考察が書けていますか？	☐

理系の文章作成にまつわるお話

技術文書作成における「守」「破」「離」

　武道や茶道などの世界では、修行の過程として「守（しゅ）」「破（は）」「離（り）」という3段階があると言われています。「守」は、師匠の教えや流派の型などを覚えて忠実に守る段階。「破」は、さらに他の情報からも学び、自分自身で考えて工夫する段階。「離」は、師匠の教えや流派の型から離れ、独自の新しいスタイルを確立する段階。初心者がいきなり「破」や「離」の領域に到達しようと無理をすると大けがのもとになります。はじめはお手本となる師匠を見つけて真似をすることから始めるのがよいでしょう。

　さて、技術文書の作成における「守・破・離」とはいったいどのようなものでしょうか。「守」は先人の書いた技術文書をひたすら読み、文章の「型」をインプットすることだと思います。ここで気をつけてほしいのは、ブログ記事など断片的な文章ではなく、論文や解説記事など構成がきっちりした文書を読むことです。多くの技術文書を読むことで、共通の言い回しや論理構成の組み立て方などに気づき、それを真似ることでそれなりの文書が書けるようになります。しかし、それだけではよい文書にはなりません。技術文書作成における「破」は、読み手に何を伝えたいのかを意識する段階だと思います。初心者が陥りやすいのが自分のおこなったことをすべて書こうとするあまり、何が言いたいのかわからない文書になってしまうことです。文書全体の論理構成を意識して、書く内容を取捨選択するのも大事なことです。最後に「離」の段階ですが、これはまだ発展途上の筆者にとっては未知の世界です。そもそも国語が苦手で理系の道に進んだ筆者が、まがりなりにも論文など技術文書を書けるようになったのは、まさしく真似から始まったからといってよいでしょう。

　文学的な文章とは異なり、技術文書には独特の「型」があります。技術者をめざすみなさんも技術文書をいっぱい読んで、文書作成の引き出しを増やしてください。

（和田　明浩）

トレーニング8〜10で作成したパラグラフを活用し、自分で用意した紙に、次の手順でまとめてみましょう。p.43で作成した「合流ブロック」の図をイメージしながら、レポートを作成してみましょう。

手順

① **タイトル**　　　：自分で考える。
② **第1パラグラフ**：そのままコピーする。
③ **第2パラグラフ**：今回の**主張**は「小学生にスマホは必要ない」とする。
④ **根拠**　　　　：「○点目は、～ためである」の表現を使って書く。
⑤ **第3パラグラフ**：「1点目」の内容を書く。⇐〈トレーニング8 活動2〉が使えます
⑥ **第4パラグラフ**：「2点目」の内容を書く。⇐〈トレーニング9 活動1〉が使えます
⑦ **第5パラグラフ**：「3点目」の内容を書く。⇐〈トレーニング10 活動1〉が使えます
⑧ **第6パラグラフ**：最後にもう一度**主張**を書く。

💡 各パラグラフのはじめは、必ず1マス空けよう。

● **レポートの構成**

　　　　　　　　　　　　　タイトル　　　　　　　　学籍番号　　　名前

■自分のスマートフォンをもつこどもの割合は増加している。こども家庭庁が実施した「令和5年度 青少年のインターネット利用環境実態調査」によると、自分専用のスマートフォンを使っている小学生の割合は70.4%に上るという。このように、今やスマートフォンは子どもにとっても身近な存在となっているといえる。しかし、小学生にスマートフォンは必要なのであろうか。　⇐コピーする

■私は、**主張**（と考える）。理由は以下の3点である。

■1点目は、**根拠**（ため）である。
　　　⇐〈トレーニング8・活動2〉を参考に**考察**を書き加えましょう（冷静に読み手を説得する）

■2点目は、**根拠**（ため）である。
　　　　⇐〈トレーニング9・活動1〉を参考に**根拠**を支えるパラグラフにしましょう

■3点目は、**根拠**（ため）である。
　　　　⇐〈トレーニング10・活動1〉を参考に**根拠**を支えるパラグラフにしましょう

■以上3点より、**主張**（と考える）。＋α
　　　　　⇐αの例）主張する立場で得られるメリット、今後の展望、など

（1マス空ける）

新聞記事の読み方

重要な情報
↓
詳細

新聞記事は重要なことから書いてある（要点先行型）

「東京一極集中」加速、転入超過7万9285人で3年連続増
…若年層の進学・就職・転勤で

2025/01/31　読売新聞オンライン

見出し（要点）

　総務省は31日午前、住民基本台帳に基づく2024年の人口移動報告を発表した。東京都では転入者が転出者を上回る「転入超過」が7万9285人となり、3年連続で増加した。新型コロナウイルスの感染拡大が落ち着いた後、再び東京一極集中が加速している。

リード（全体の要約）

　東京都への転入は46万1454人で、転出したのは38万2169人。転入超過数は過去最少だった21年の5433人から14倍以上となり、コロナ禍前の19年の8万2982人に迫っている。10〜30歳代前半の若年層で進学や就職、転勤などによるとみられる転入者数が多かったことが大きな要因となった。

　東京圏（東京、神奈川、埼玉、千葉の1都3県）への転入超過は13万5843人で、3年連続の増加だった。大阪圏（大阪、兵庫、京都、奈良の2府2県）は2679人の転入超過で、比較可能な14年以降、初めて転入超過に転じた。大阪府への転入超過数が1万6848人で、前年から拡大したことなどが影響した。

　都道府県別では、東京と神奈川、埼玉、大阪、千葉、福岡、山梨の計7都府県で転入超過となった。残りの40道府県は転出超過で、超過数は広島県の1万711人が最多だった。

本文（具体的内容）

「トピック・センテンス」作成のポイント

POINT ①　「見出し」と「リード」の内容をまとめる。
　　　　記事を読んだことがない人に内容が伝わるように書く。

POINT ②　「は」を入れてトピック（主題）を明確に示す。

　　💡「は」と述語が対応しているかをチェック！

POINT ③　長くなりすぎないように注意する（1行程度でOK）。
　　　　原則「見出し」の内容のみでまとめ、情報が足りなければ「リード」から補う。

1）上の記事の**トピック・センテンス**を作ってください。

トピック・センテンス	

2）「本文」から重要だと思う情報を3つ選び、文で書きましょう。

-
-
-

復習問題 1

データに基づいて文章を書く①②③

次の図1の内容を説明したのが、下にある囲みの文章です。

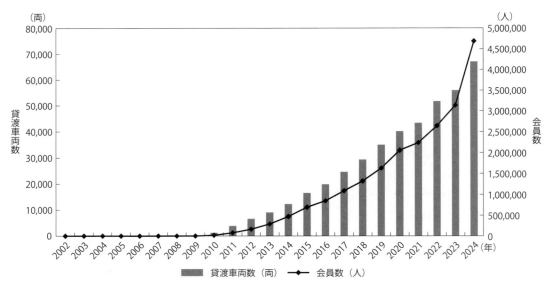

図1 わが国のカーシェアリング車両台数と会員数の推移
（公益財団法人交通エコロジー・モビリティ財団, 2024 より作成）

（A　　　　　　　　　　　　　　　　　　　　　　　　　）図1にわが国のカーシェアリング車両台数と会員数の推移を（①　　　　　　　）。2002年から2007年までの間は、カーシェアリングの車両台数、会員数ともにほぼ0に近く、数量に大きな変化は（②　　　　　　　）。2008年以降、徐々に増加したものの、2011年の時点でも車両台数は5,000台に（③　　　　　　　）。会員数も500,000人未満であった。その後は、年々増加を続け、2020年には車両台数は40,000台を（④　　　　　　　）。また、会員数は2,000,000人以上に（⑤　　　　　　　）。さらに、2024年には車両台数は67,000台に（⑥　　　　　　　）、会員数は前年から（⑦　　　　　　　）に増加し、約4,700,000人となった。以上のことから、日本でカーシェアリングが普及していることが（⑧　　　　　　　）。

1）空欄 A に入る図1のトピック・センテンスとして適切なものを下から1つ選んでください。

a）2020年のカーシェアリングの車両台数は40,000台、会員数は2,000,000人を超えている。
b）近年、日本ではカーシェアリングの普及が急速に進んでいる。
c）カーシェアリングは自家用車をもつよりもコスパが良く無駄がない。
d）車をもつことにこだわらない人の増加は、カーシェアリング普及の一因である。

2）p.46、51、55 の「Point」にある表現を参照して、上の①〜⑧の（　　　　　）に適切な表現を書いてください。

復習問題 2

データに基づいて文章を書く①

1）次の図 2 を文章で説明したいです。どの数値に注目しますか。

図 2　わが国の一次エネルギー国内供給構成
（資源エネルギー庁「日本のエネルギー 2023 年度版　エネルギーの今を知る 10 の質問」，2024 より作成）

この図を作った人が最も言いたいことは何だと思いますか？

2）図 2 を使い、日本が化石燃料資源に依存していることを文章で説明したいです。次の文をトピック・センテンスとしてパラグラフを作ります。

| トピック・センテンス | 日本は化石燃料資源に依存している。 |

3）図 2 から、トピック・センテンスを支持する 3 つの情報を書き出しましょう。

数値を使って書いてみよう！

-
-
-

 課題1　3）で書き出した 3 つの情報をもとに、図 2 の説明を文章で書いてください。p.46 にある「数値の大きさ」の表現を使いましょう。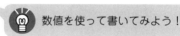

手順
① **トピック・センテンス**を作成する。
② 図 2 の**図表の提示**、**図表データの説明**を作成する。
③ データの説明が終わったら、**まとめ文**を書く。
④ **考察**を書く。

復習問題 3

データに基づいて文章を書く②

1）次の図3を文章で説明したいです。どの数値に注目しますか。

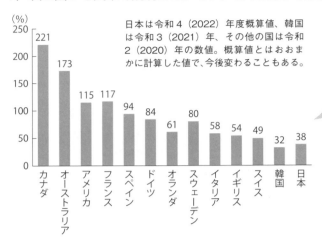

この図を作った人が最も言いたいことは何だと思いますか？

図3 日本と諸外国の食料自給率（カロリーベース）
（東北農政局「日本と世界の食料自給率」，https://www.maff.go.jp/tohoku/monosiritai/touhoku/jirei1.html より作成）

2）図3を説明するパラグラフの**トピック・センテンス**を作ります。自分が示したいことの要点を、**数値を使わずに**1文で説明してください。

トピック・センテンス	

3）図3から、作ったトピック・センテンスを支持する3つの情報を書き出しましょう。

「比較」に注目し、数値を使って書いてみよう！

-
-
-

課題2 3）で書き出した3つの情報をもとに、図3の説明を文章で書いてください。p.51にある「比較」の表現を使いましょう。 書き言葉

手順
① **トピック・センテンス**を作成する。
② 図3の**図表の提示**、**図表データの説明**を作成する。
③ データの説明が終わったら、**まとめ文**を書く。
④ **考察**を書く。

復習問題 4

データに基づいて文章を書く③

1）次の図4を文章で説明したいです。どの変化に注目しますか。

図4 年別訪日外客数の推移
（日本政府観光局「訪日外国人数の推移」日本の統計観光データ，2025 より作成）

2）図4を説明するパラグラフの**トピック・センテンス**を作ります。自分が示したいことの要点を、**数値を使わず**に1文で説明してください。

トピック・センテンス	

3）図4から、作ったトピック・センテンスを支持する3つの情報を書き出しましょう。

-
-
-

 3）で書き出した3つの情報をもとに、図4の説明を文章で書いてください。p.55にある「変化」の表現を使いましょう。 書き言葉

> **手順**
> ① **トピック・センテンス**を作成する。
> ② 図3の**図表の提示、図表データの説明**を作成する。
> ③ データの説明が終わったら、**まとめ文**を書く。
> ④ **考察**を書く。

> 理系の文章作成にまつわるお話

読書はハードルが高いが

　大学に入学した頃、思っていたような学生生活にならず腐りきっていて、講義は最初の3回で3回休む学生だった。流れ落ちるようにアルバイトとパチンコ、麻雀に明け暮れる毎日で、ほどなくして"留年"となった。幸い（？）にしてあと数科目足りないだけの留年であったので、ものすごく"ヒマ"な学生となった。朝から働くフルタイムのアルバイターとなることでパチンコ、麻雀からは卒業したが、健康で元気な若者には時間があり余っていた。レンタルビデオを見るのに飽きてきた頃、併設の書店でなんとなく手に取った新書を読み始めた。それまでほとんど本を読んでこなかった人生だったこともあって、最初は読み進めるのに時間がかかったが、なんせ"ヒマ"である。時間はたっぷりあった。本を読むことに慣れてくると、"知らないことを知る"という知的好奇心が満たされ、留年して周りから置いてきぼりになった自分を別の場所に連れて行ってくれる方法となった。

　人生でこれほど本を読んだ時期は後にも先にない。普通なら、「このとき読んだ本が今の私を作っている」と言いたいところだが、それはわからない。たくさん本を読んだから曲がりなりにも文章を書けるようになった、のかどうかもわからない。ただ言えることは、"楽しかった"ということだけである。大人になって仕事をするようになり、次の日のことを考えるとなかなか本に手が伸びない。まとまった休みのときでさえ映画やドラマなどを見始めると本を手に取ることはほぼない。それでも「本を読みたい」と思う気持ちはなくならないから不思議である。

　「正しい日本語読解力を身につけましょう」と言われる昨今であり、教員として学生にもそのように言って回っている。だが読書の基本は"楽しい"ことである。楽しくなければ続けられない。かつての私のように読まず嫌いな人も大勢いるはずである。それぞれに合った楽しめる本もきっとあると思う。書店に行って本棚を眺めていると、本の背表紙から声をかけられたと思うときがある。読み終われば充実感が得られることは間違いない。リア充のためにも読書を勧めたい。きっと新鮮な思いを味わえるはずである。

（水谷 夏樹）

第Ⅱ章

書き言葉トレーニング

書き言葉のルールを知り
運用できるようになる

　「技術文書」は事実に基づいて書かなければなりません。そのため、理系の文章は「あいまい表現」を嫌う傾向にあります。原則として、数値がわかる場合は数値を示し、「言い切り表現」を使いましょう。ただし、理系でも分野によって使用表現は異なる場合があります。

　みなさんはこれから、技術文書だけでなく、さまざまな文章を書くことになりますから、ここでは理系特有ではない一般的な書き言葉も含め、確認していきましょう。

●「一般的な書き言葉」には★をつけてあります。

書き言葉 **1** A：文体／B：文末表現

表の空欄を埋めてください。

＊文章を書く際は文体を統一させてください。常体と丁寧体を使い分けましょう。
＊レポートや論文は常体で書きます。丁寧体は手紙やメールなどに使います。
＊レポートには敬意が含まれる表現（丁寧体、敬語など）は使いません。

〈A〉

	丁寧体（です・ます）	常体（である）
名詞文	原因です	① 原因
	原因ではありません	② 原因
	原因でした	③ 原因　　　　　　／原因
	原因ではありませんでした	④ 原因
形容動詞文（な形容詞）	困難です	① 困難
	困難ではありません	② 困難
	困難でした	③ 困難　　　　　　／困難
	困難ではありませんでした	④ 困難
形容詞文（い形容詞）	高いです	① 高
	高くないです	② 高
	高かったです	③ 高
	高くなかったです	④ 高
動詞文	示します	① 示
	示しません	② 示
	示しました	③ 示
	示しませんでした	④ 示

〈B〉

	丁寧体（です・ます）	常体（である）	
文末表現	減るでしょう	① 減る　　　　　　／減る	★
	調査しましょう	② 調査	★
	問題ではありませんか	③ 問題	★
	問題ではないでしょうか	④ 問題	★

書き言葉 2　C：接続する表現

表の空欄を埋めてください。

＊文中・文頭、どちらも注意しましょう。

〈C〉

話し言葉	書き言葉
～から、／だから、／なので、	①
・イベントの参加者数が増えたから、席を追加した。	・イベントの参加者数が増えた　　　　、席を追加した。
・イベントの参加者数が増えた。なので、席を追加した。	・イベントの参加者数が増えた。　　　　、席を追加した。
～けど、／でも、	②
・まだ2月だけど、春のように暖かい。	・まだ2月だ　　　　、春のように暖かい。
・まだ2月である。でも、春のように暖かい。	・まだ2月である。　　　　、春のように暖かい。
あと、／それと、	③
・納豆は健康効果が高い。あと、美肌効果もある。	・納豆は健康効果が高い。　　　　、美肌効果もある。
しかも、	④
・今週はレポート提出と授業の発表がある。しかも、金曜には中間テストもある。	・今週はレポート提出と授業の発表がある。　　　　、金曜には中間テストもある。
AとかBとか	⑤
・ポストは郵便局の前とか駅の近くとかにある。	・ポストは郵便局の前　　　　駅の近く　　　　にある。

「論理」によく使われる表現

① 「and」　➡　AとB ／ AおよびB ／ AかつB
② 「or」　➡　AかB ／ AまたはB ／ AもしくはB ／ AあるいはB
③ 「then」➡　AならばB ／ AのときB
④ 特殊形　➡　Aではない、かつ、Bではない ＝ AでもBでもない

① and　　　② or　　　③ then　　　④ 特殊形

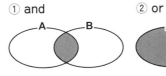 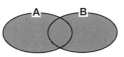 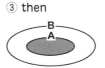 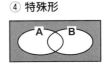

書き言葉 3　D：副詞

表の空欄　　を埋めてください。

＊副詞は感覚的な表現が多いため使い過ぎに注意し、データを示しましょう。

〈D〉

話し言葉	書き言葉
全然　（〜ない）	①
・今朝は全然風がない。	・今朝は　　　　　　　風がない。
あんまり／そんなに（〜ない）	②　　　　　　　　　　　　　★
・小テストはあんまり難しくなかった。	・小テストは　　　　　　難しくなかった。
・車がなくてもそんなに困らない。	・車がなくても　　　　　困らない。
ちょっと	③
・賛成意見は半数をちょっと上回った。	・賛成意見は半数を　　　　　上回った。
いっぱい／たくさん	④
・庁舎の建替えにはいっぱい反対意見がある。	・庁舎の建替えには　　　　　の反対意見がある。
・イベントにはいっぱい小学生が参加した。	・イベントには　　　　　の小学生が参加した。
・工場建設にはたくさん資金が必要である。	・工場建設には　　　　　資金が必要である。
・庁舎の建替えには反対意見がいっぱいある。	・庁舎の建替えには反対意見が　　　　　ある。
・イベントには小学生がいっぱい参加した。	・イベントには小学生が　　　　　参加した。
もう	⑤
・実験開始からもう5時間が経過した。	・実験開始から　　　　　5時間が経過した。
どんどん	⑥
・物価がどんどん高騰している。	・物価が　　　　　高騰している。
・この業界はどんどん世代交代が進んでいる。	・この業界は　　　　　世代交代が進んでいる。
だんだん	⑦
・台風の接近で風がだんだん強くなってきた。	・台風の接近で風が　　　　　強くなってきた。
すごく（すごい）／めっちゃ／かなり	⑧　　　　　　　　　　　　　★
・通勤時間は道がかなり混んでいる。	・通勤時間は道が　　　　　混んでいる。
・ここは星がすごく美しく見える。	・ここは星が　　　　　美しく見える。
やっと	⑨　　　　　　　　　　　　　★
・卒業研究論文がやっと完成した。	・卒業研究論文が　　　　　完成した。
ずっと	⑩
・雪の影響でずっと車内に閉じ込められた。	・雪の影響で　　　　　車内に閉じ込められた。

いつも	⑪
・室内はいつも一定の温度に保たれている。	・室内は　　　　　　　一定の温度に保たれている。
一番	⑫
・法隆寺は世界で一番古い木造建築である。	・法隆寺は世界で　　　　　　　古い木造建築である。
もっと	⑬
・この技術でもっと製品の強度が高まった。	・この技術で　　　　　　　製品の強度が高まった。
全部	⑭
・本大会の全部の試合が終了した。	・本大会の　　　　　　　の試合が終了した。

> 理系の文章作成にまつわるお話

手書き文章について思うこと

　大学生３年になった娘が人生初めての就職活動を始めたときの話です。不安そうな娘に親として、まずはキャリアセンターに行ってアドバイスをもらってみたらと助言しました。娘はさっそく、キャリアセンターに個別面談の予約をして、企業研究をしながら日々を過ごしました。個別面談の予約日が近づいてきたある日のこと、娘が青ざめた顔をして「面談日を間違えて予約をすっぽかしてしまい、そのペナルティーで今後個別面談は利用できない」というのです。娘のスマホには大学のキャリアセンターからメールが届いており、オンラインの面談予約画面へのアクセスができない状態になっていました。頼みの綱のキャリアセンターに見放され、親子で途方に暮れてしまいました。

　その様子を見ていた母親が娘に、「キャリアセンターにお詫びに行ってみれば」というアドバイスをしました。家族で話し合った結果、直接出向いても取り合ってくれないかもしれないので、まずはお詫びの手紙を書こうという話になりました。最近なら、お詫びのメールを送るという方法もあるでしょうが、謝罪の気持ちを伝えるには手紙のほうがよいとの判断です。そこから娘は、ふだんなじみのない手紙の書き方を調べ、謝罪の気持ちが伝わるような文章を１日かけて考えました。親には謝罪文の内容は教えてくれませんでしたが、真剣に考えて１文字１文字ていねいに書いたようです。その手紙を投函してしばらくしてのこと、キャリアセンターからペナルティー解除の連絡が届きました。

　最近はSNSなどデジタルデータでメッセージをやりとりするのが一般的になっていますが、手書き文章のもつ力はまだ衰えていないように感じます。技術文書を手書きで書くことはめったにありませんが、手書き文章作成から学べることはあります。手書きの文章は書き直しができないため、はじめに文章全体の構成を考えます。これは技術文書でいえば目次に相当します。技術文書には書き手が伝えたいメッセージが必ずあるので、それがうまく読み手に伝わるような構成を考えるのが大切です。文章の種類は異なっても、だれかにメッセージを伝えるという目的は共通です。たまには手書き文章を書いてみるのもよいかもしれません。

(匿名希望)

書き言葉 4 　E：縮約表現

表の空欄　　を埋めてください。

〈E〉

話し言葉	書き言葉
～なくちゃ／～なきゃ	①
・明日までにレポートを仕上げなくちゃ。	・明日までにレポートを仕上げ　　　　　　。
～っていう／～って	②
・スキルっていう言葉は、技能っていう意味だ。	・スキル　　　　　言葉は、技能　　　　　意味だ。
～とく	③
・料理をする前に、材料を買っとく。	・料理をする前に、材料を　　　　　　。
～てる	④
・何度もメールを送ってるが、返信がない。	・何度もメールを　　　　　　が、返信がない。
～じゃない／～じゃなくて	⑤
・Aじゃなくて Bが正解である。	・A　　　　　　B が正解である。

書き言葉 5 　F：形容詞・形容動詞・連体詞

表の空欄　　を埋めてください。

〈F〉

話し言葉	書き言葉
こんな / そんな / あんな /	①
・こんな状況への対処法を知りたい。	・　　　　　　　状況への対処法を知りたい。
・そんな風に考えたことはなかった。	・　　　　　　　に考えたことはなかった。
・あんな場面でも冷静に話ができた。	・　　　　　　　場面でも冷静に話ができた。
だめ	②
・ここで携帯電話を使ってはだめだ。	・ここで携帯電話を使っては　　　　　　。
いい	③
・社長は従業員のいい手本となっている。	・社長は従業員の　　　　　手本となっている。
いろんな / いろいろな	④
・土を使わずにいろんな種類の野菜を育てることが可能である。	・土を使わずに　　　　　　種類の野菜を育てることが可能である。
だいじ	⑤
・文章で記録に残すことは技術者にとって大事な仕事の一つである。	・文章で記録に残すことは技術者にとって　　　　　な仕事の一つである。

書き言葉 6　G：連用中止

表の空欄　　を埋めてください。

＊連用中止の形を使う場合、文が長くなりすぎないように十分気をつけてください。

〈G〉

	「て／で」	連用中止形
動詞文	正解率の推移を調査して、	① 正解率の推移を調査　　　　　　、
	賛成意見は 52％ になって、	② 賛成意見は 52％ に　　　　　　、
	反対する学生が 150 名いて、	③ 反対する学生が 150 名　　　　　　、
	課題提出を忘れていて、	④ 課題提出を忘　　　　　　、
	説明書を見ないで、	⑤ 説明書を見　　　　　、
	うまく説明できなくて、	⑥ うまく説明　　　　　、
形容詞 （い形容詞）	参加者は前回より少なくて、	⑦ 参加者は前回より少　　　　　、
	イベント当日は寒くなくて、	⑧ イベント当日は寒　　　　　　、
形容動詞 （な形容詞）	理解が困難であって／困難で、	⑨ 理解が困難　　　　　　、
	構造は複雑ではなくて、	⑩ 構造は複雑　　　　　　、
名詞	購入層は若者であって／若者で、	⑪ 購入層は若者　　　　　　、
	これはアレルギー反応ではなくて、	⑫ これはアレルギー反応　　　　　　、

理系の文章作成にまつわるお話

簡潔な文章作成も練習しよう！

　企業での経験を紹介します。各種書類は、簡潔な文章で表現し、理解いただくことが必要です。例えば、技術報告書などは目に見える形の成果の一つですが、詳細に読むのは、将来の自分とその業務に密に関係する人くらいです。上司（自分の評価者）にはほかからも多くの書類が回ってきますので、それぞれを読み込む時間が取れません。上司と技術報告書の展開先（関連部署に送付されます）に読んでもらえるのは、表紙にまとめた概要・結論の数行です。「5 行以上書いても読まれないよ」と、簡潔に書くよう指導されてきました。確かに、なじみの薄いものは概要の 3〜5 行を読めば集中が途切れます。上司が内容を真に知りたいときは口頭での説明を要請してきます。一方、技術報告書本文をしっかり読むという人には、技術吸収等の目的があるので、理解いただけるように文章も含めて丁寧に作成しておく必要があります。

　月報、週報などの定例報告でも、書類のスペース、他部署報告との分量バランスの関係で、短い簡潔な文章が必要となります。短文なので個々の言葉の重要性が増し、適切な単語が思いつくまで、あるいは妥協できるまで一晩置いて文章を見直すこともよくありました。学生のみなさんは、何文字以上、あるいは何行以上書きなさいと指示を受けることは多いと思いますが、短く書いて理解いただくことも必要です。また、作成した文書は見直すことも習慣づけてください。

（熊本　敏夫）

書き言葉 7 H：その他のルール

表の空欄　　を埋めてください。

〈H〉

① 助詞を省略しない

✗ この店、値段安くておいしい。	・この店　　値段　　安く、おいしい。

② 文の途中で終わらない

✗ 試験前に徹夜で勉強したが…。	・試験前に徹夜で勉強したが、　　　　　　　　。

③ 名詞（体言止め）で終わらない

✗ 東京都から転出したのは 38 万人。	・東京都から転出したのは 38 万人　　　　　。
✗ SNS を使った犯罪が増加。	・SNS を使った犯罪が増加　　　　　　。
*新聞では多いが、レポート・論文では使わない。	

④ 「ら抜き言葉」・「れ入れ言葉」・「さ入れ言葉」は使わない

✗ 資源ごみは土曜に捨てれる。	・資源ごみは土曜に　　　　　　　　　　。
✗ 昨日は病院に行けれなかった。	・昨日は病院に　　　　　　　　　　。
✗ 明日は休まさせてほしい。	・明日は　　　　　　　　　　ほしい。

⑤ 「〜そうだ／ようだ／らしい」は使わない

✗ 自転車事故が増加しているそうだ／ようだ／らしい。	・警察庁によると、自転車事故が増加している　　　　　　。　*「〜によると」に情報源を明記する。

⑥ 終助詞「ね／よ／な」は使わない

✗ 来年は参加したいなと考えている。	・来年は参加　　　　　　　と考えている。

⑦ 「？」・「！」は使わない

✗ 私は大変驚いた！	・私は大変　　　　　　。

⑧ 「思う／感じる」は使わない

✗ これは重要な問題だと思う。	・これは重要な問題であると　　　　　。

⑨ 敬語・敬意の含まれる表現は使わない

✗ 賛成の方は全体の半数を占めた。	・賛成の　　　　　は全体の半数を占めた。
✗ 本アンケートでは、30 代の女性に節約についてご意見をお尋ねした。	・本アンケートでは、30 代の女性に節約について　　　　　を　　　　　。
✗ 田川教授は 2004 年に発表した論文で次のようにおっしゃっている。	・田川（2004）は次のように　　　　　　　　。

⑩ 「やる」は使わない

✗ 会社のイベントで司会をやった。	・会社のイベントで司会を　　　　　　。

⑪ 「とき、こと、もの、できる、わかる、ため」などは漢字よりもひらがなで書く

✗ 幼少期にピアノを習った事がある。	・幼少期にピアノを習った　　　　　がある。

確認テスト 1 〈A：文体／B：文末表現〉

次の文中に丁寧体に下線を引き、常体に書き直してください。

1. 今日のイベントの参加者は若者だけではありませんでした。

2. 健康維持には規則正しい食生活が必須です。

3. 新しい道路を作ることが、この地域の渋滞を緩和させる効果的な対策でしょう。

4. あの街の地下通路は非常に複雑でした。

5. 新しい環境に慣れてくる時期ではありませんか。

6. このデザインが売り上げ低迷の原因だと考えられます。

7. 昨年の冬に比べ、今年は雪が多かったです。

8. この条件では正確なデータを得ることができません。

9. 不備がないかどうか一緒に確認しましょう。

10. 課題をどこに提出すればいいのかわかりませんでした。

確認テスト 2 〈C：接続する表現〉

次の文中にある話し言葉に下線を引き、書き言葉に書き直してください。

1. 日本は化石燃料資源に乏しい。だから、海外からの輸入に頼っている。

2. 大阪とか兵庫とかで、地震が観測された。

3. 6月は雨の降る日が多い。あと、結婚式を挙げる夫婦も多い。

4. 早起きは苦手である。なので、朝食を食べられないことが多い。

5. 京都に住んでいる。でも、関西弁を操れない。

6. 彼は歌手であり、俳優でもある。しかも、彼の小説は発行部数50万部を突破している。

7. 図書館で資料を探したけど、見つからなかった。

8. 人身事故があったから、電車が遅延した。

9. 秋は食べ物がおいしい。それと、スポーツイベントも多い。

10. 実験が終わらない。なので、まだ家に帰れない。

確認テスト ③ 〈D：副詞〉

次の文中にある話し言葉に下線を引き、書き言葉に書き直してください。

1. A に関する法律がやっと改正された。

2. 最初は難しかったが、書き言葉がだんだんわかってきた。

3. 日本が輸入している化石燃料資源の内訳を見ると、石油の割合が一番多い。

4. 文字数は 300 字にちょっと足りなかった。

5. この問題はすごく複雑である。

6. 海外における日本食人気の影響により、米の輸出量がどんどん増加している。

7. 外に出ると、もう雨は止んでいた。

8. 彼女はいつも右手で鞄をもつ。

9. はじめは文章が全然書けなかった。

10. 今日の講演会の内容は理解できないことがたくさんあった。

- -

確認テスト ④ 〈E：縮約表現／F：形容詞・形容動詞・連体詞〉

次の文中にある話し言葉に下線を引き、書き言葉に書き直してください。

1. この新製品は防水であるだけじゃなく通気性もよい。

2. 課題は提出期限を守ることが大事である。

3. 帰宅したら、まず手をきれいに洗わなきゃいけない。

4. 眠いからといって勉強をしないのはだめだ。

5. 近年、日本ではこんな問題が発生している。

6. 天気予報によると、今週は先週より気温が下がるって。

7. 来週定期試験があるので、十分に復習をしとこう。

8. 律速っていう言葉の意味を調べた。

9. 就職する前にいろんな経験を積んでおいたほうがよい。

10. アジアは近視の人口が多く、日本では人口の 2 分の 1 がメガネを使用してる。

確認テスト 5 〈G：連用中止〉

次の文中にある話し言葉に下線を引き、書き言葉に書き直してください。

1. この参考書は文法をやさしく説明していて、わかりやすい。

2. 値段が安くて、性能がいいものを探すのは大変である。

3. 実験の結果は自分の主観を入れないで、簡潔にまとめる必要がある。

4. オンライン授業についてのアンケートを作成して、調査をおこなった。

5. 労働力が足りなくて、困っている農家が多いという。

6. この地は避暑地として有名で、毎年多くの観光客が訪れる。

7. 日本の食料自給率は38％で、世界でも低い。

8. 今日は気温が高くなくて、過ごしやすかった。

9. 兄は大学生になって、一人暮らしを始めた。

10. 来週の授業は通常の教室ではなくて、ＰＣ演習室で実施される。

- -

確認テスト 6 〈H：その他のルール〉

次の文中にある話し言葉に下線を引き、書き言葉に書き直してください。

1. Ｂ社の社長は、報道の件について社内調査中であるとおっしゃった。

2. 朝のニュースで今日は雨は降らないと聞いたが……。

3. 田中さんは英語のほかにスペイン語も流暢に話せれる。

4. 以上のデータから、今後人口は増加し続けると感じる。

5. 昨夜は３時間しか寝れなかった。

6. 環境庁によると、花粉症の有病率は年々増加しているらしい。

7. 中間試験は予想より難しかったー！

8. 水さえあれば、ヒトは数日間生命を維持することができるよ。

9. 失敗することはだれにでもある。大切なのは失敗から学ぶこと。

10. 昼食はコンビニで買うという人が多いのではありませんか？

75

確認テスト 7 〈A～Dの復習〉

以下の1～10に話し言葉が20箇所あります。下線を引き、書き言葉に直してください。

1. 3年間の試行錯誤の結果、やっと完成の日を迎えました。

2. 東京は交通機関がかなり発達しているから、自家用車の保有率が低い。

3. 明日の会場へ行くには乗り換えが必要である。なので、事前にルートを調べておいた。

4. だんだん雨が弱くなり、空がちょっと明るくなってきた。間もなく雨は止むでしょう。

5. 事故の加害者は飲酒していた。あと、無免許運転も判明した。しかも、過去に同様の事故を起こしていた。

6. 運動は健康によいけど、過剰なトレーニングは体にとって大きな負担ではありませんか。

7. その問題についてはもう何度も説明した。でも、関係者の納得は得られていない。

8. 人生において一番重要なことは、人により全然異なる。

9. この付近は子どもがたくさんいる。運転の際はいつも注意する必要がある。

10. 太陽を観察するときは、曇りでもずっと見続けないようにすることが重要です。

確認テスト 8 〈E～Hの復習〉

以下の1～10に話し言葉が20箇所あります。下線を引き、書き言葉に直してください。

1. この会社はとても精密なネジを生産していて、世界的に有名である。

2. この新都市構想については色々な分野の専門家が長年議論を続けてる。

3. 田中先生の2023年の論文によると、AIの効果的活用には読解力が不可欠であるって。

4. 国によっては、生の状態で卵を食べれない。

5. 明日の試験は物理じゃなくて数学。

6. 彼はいつも時間に遅れる。あんな態度では顧客の信頼は得れないだろう。

7. 聞いている人にとってわかりやすく説明することが大事だと思う。

8. 問題3がわからなくて、試験時間内に回答できなかった。

9. 発表前には、何度もスライドを見直して、流れを頭に入れて、十分練習しとく必要がある。

10. コンセンサスっていうのは、合意を取るっていう意味である。

> 理系の文章作成にまつわるお話

あいまいな表現

　文章の意味が読む人によって変わってしまうようなあいまいな表現は、科学技術の文章ではできる限りなくしていくことが必要です。例えば、次の文章はどうでしょうか。

　（例）「環境に悪影響を及ぼす内燃機関は、今後段階的に製造を取り止めます。」

　この文章自体に日本語として不自然な点はありませんが、次のように２つの意味に解釈することができます。

　① すべての内燃機関は環境に悪影響を及ぼすため、すべての内燃機関の製造を段階的に取り止める。

　② 内燃機関にはいくつかの種類があり、そのなかで環境に悪影響を及ぼす内燃機関については、段階的に製造を取り止める。

　もちろん、上記のような例文が単独でどこかに書かれることはなく、一連の文章のなかではどちらかの意味に規定されるものと思います。現在、地球温暖化でガソリン車、ディーゼル車のような内燃機関の自動車の製造を廃止し、電気自動車に切り替えようという趨勢なので、一般的には①の意味かもしれません。しかしながら、電気自動車も製造時からのトータルのエネルギー消費は内燃機関のそれより多いことや、寒冷地ではトラブルが多く走行可能な距離もかなり短くなることから、日本の自動車メーカーでは水素を燃料とする内燃機関を搭載した水素自動車を開発し、実際に世の中に流通させています。このようなことを考える人にとっては、例文の意味は②となるかもしれません。

　文章を書く人がどちらを主張するのかを明らかにするには、①か②のようにできるだけあいまいな点がない表現にすることが望ましいと思います。

（小川 和彦）

> 理系の文章作成にまつわるお話

大学院に行こう！

　卒業研究は、おそらくみなさんが初めて触れる研究者の世界です。わかっていることを教えられる３年生までの立場から、わからないことを探究する研究者の立場へと切り替わります。しかしながら、４年生での研究は、まだまだ教員の手のひらの上での活動であり、ほんの入口に過ぎません。工学を学び研究する立場として、４年生で研究を終えるのは非常にもったいない！自動車免許にたとえるなら、路上教習の途中で止めてしまうようなものです。自分の力だけで運転（研究）できる世界が待っているのだから、多くのみなさんに研究（運転）を継続してほしいと切に願います。

　研究を続けるために「大学院」があります。大学を卒業すれば進学でき、２年間の前期課程と３年間の後期課程で構成されます。もう勉強したくないけどな…という諸君、大学院でおこなうのは勉強ではなく「研究」です。大学院生になってようやく、なぜ研究をするのか、どうすれば解決できるのか、どこに問題があるのかなど、自分で発見し考えることができるようになります。わからないことに取り組む感覚は、ゲームで謎解きに挑戦する感じに似ています。RPGで未知の世界を旅するように、勉強とは違う冒険の世界が諸君を待っています。ぜひ大学院に行こう！

　ところで、大学院では本格的な「論文」を執筆します。他人が見て誤解なく理解できるように、だれが読んでも同じものがイメージできるように、客観的で具体的な文章が要求されます。日頃からあいまいな表現を慎み、できるだけ正確に言葉にするよう心がけましょう。

（杉山 明）

RTM成形における樹脂含浸に及ぼす超音波振動の影響

材料力学研究室　20F035 川端　健斗
指導教員　　和田　明浩

1. 緒　言

現在，燃費向上が要求される航空産業などにおいて，軽量かつ高い強度・剛性を持つFRP（繊維強化プラスチック，Fiber Reinforced Plastics）の利用が広がっている．FRPの製造方法は用途に応じて様々であるが，品質と製造コストを重要視する分野ではRTM（Resin Transfer Molding）成形法が注目されている[1]．この成形法では，あらかじめ金型内に強化繊維基材を配置し，樹脂注入により樹脂含浸させ，硬化後に脱型し成形品を得る．また，上型をバギングフィルムに置換し，真空吸引により樹脂含浸を行うVaRTM（Vacuum assisted Resin Transfer Molding）成形法もある．

RTM成形では，強化繊維基材への樹脂含浸状態が成形品品質を左右する．これまでに，成形型に超音波振動を与えることで，繊維束への樹脂含浸などの改善を試みた研究例が複数報告されている[2]．本研究室でも，局所的超音波振動が樹脂含浸に及ぼす影響を実験的に調査してきた．しかし，これらの研究はいずれも定量的評価には至っておらず，樹脂含浸に適した振動付与方法の検討も不十分である．

本研究では，RTMおよびVaRTM成形にて金型の異なる位置に局所的に超音波加振が可能なシステムを構築し，振動様式の測定および振動による成形への影響を調査した．

2. 模擬RTM成形法およびVaRTM成形法の概要

模擬成形実験を行うにあたり，局所的超音波加振が可能な模擬RTM成形型と，模擬VaRTM成形型の2つを製作した．共通仕様として，どちらもアルミ合金製である．型中央には成形品（200×200mm）と同寸法であるステージ状の成形スペースを設けた．さらに，型中央から放射状に樹脂が流入するように，成形スペース中央に樹脂注入口を，その周囲に4か所の真空吸引口を設けた．

Fig.1に，模擬RTM成形型の外観を示す．下型裏面には超音波振動子（ボルト締めランジュバン型振動子，共振周波数28kHz）を8個設置してある．振動子の設置部分には掘り込みを設け，設置部分の板厚が2mm，振動子の中心間距離が60mmとなるようにした．各振動子は個別配線してあり，任意の振動子を駆動させて成形実験を実施できる．Fig.2は製作したRTM成形型を含む模擬RTM成形システムの断面図である．下型に成形品寸法で切断したガラス繊維を配置し，ボルトで上下型を締結して密閉する．密閉後に型内を減圧することで，樹脂は注入口と吸引口との圧力差により型内部へ流入する．また，Fig.3に製作した成形型を含む模擬VaRTM成形システムの断面図を示す．基本的なシステム原理はRTM成形型と同様であるが，相違点として上型の代わりにバギングシートで覆い密閉し，真空を確保する．

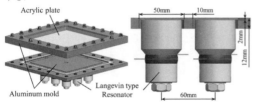

Fig.1 Illustration of RTM mold with ultrasonic vibration equipment.

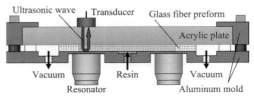

Fig.2 Experimental system for resin transfer molding.

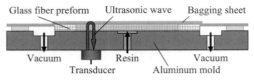

Fig.3 Experimental system for vacuum assisted resin transfer molding.

3. 超音波による樹脂含浸モニタリング

予備実験として，各成形型で超音波による樹脂含浸モニタリングを行った．これまで本研究室で提案してきた手法に則り，RTM成形型では上型アクリル板上，VaRTM成形型では型裏面にそれぞれ超音波探触子（2.25MHz）を取り付け，成形材料に向けて入射した超音波の反射波を検出した．また，強化繊維は5層のガラスロービングクロス（#580g/m^2，理論繊維含有率約45%）とし，樹脂は予備脱泡したビニルエステル樹脂（RIPOXY R-806B）を使用した．真空吸引圧は，約10分で樹脂が型全体に行き渡るように−0.04MPaに設定した．

Fig.4に，各成形型で検出が想定される超音波の伝播経路を示す．さらに，Fig.5，6に各成形型での実験にてビデオカメラで撮影した樹脂流れの様子と，画像と対応する時間の受信波形を示す．樹脂供給前では界面①（RTM成形ではアクリル板/FRP層，VaRTM成形では型/FRP層）からの反射波のみが確認できる．やがて樹脂流れの先端が測定点に到達すると，超音波の一部がFRP層を透過するようになるため，界面①からの反射波信号は低下した．そして，樹脂含浸が進むにつれてFRP層を透過する超音波が増加し，界面②（RTM成形ではFRP層/型，VaRTM成形ではバギングシート/大気）からの反射波が検出できた．以上より，RTM成形およびVaRTM成形のどちらにおいても，超音波により樹脂流れの到達および樹脂含浸過程をモニタリングできることが確認できた．

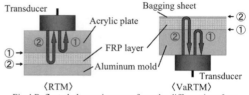

Fig.4 Reflected ultrasonic waves from the different interface.

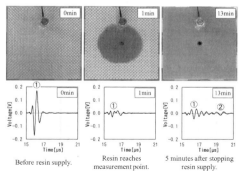
Fig.5 Received waveform during resin impregnation process (RTM).

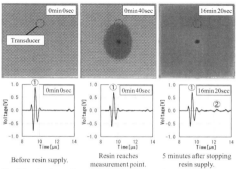
Fig.6 Received waveform during resin impregnation process (VaRTM).

4. 局所加振による成形型の振動様式測定

振動付与した成形実験前の予備実験として，RTM 成形型の振動様式測定を行った．振動子を駆動した状態で，レーザドップラ振動計（Polytec，VibroOne）を用いて成形スペース全体を測定した．Fig.7 に，振動計測システムを示す．測定範囲は，成形型中央の 190×190mm とし，縦横 5mm 間隔で 1521 点を振動計測した．計測した波形データはオシロスコープを経由して PC に保存し，Python のヒートマップ機能により信号処理して型表面の振動様式をグレースケール画像化した．Fig.8 に，画像左上の振動子を駆動させたときの振動計測結果を示す．駆動振動子付近に大きな色の変化，すなわち振幅の変化がみられる．これより，振動子による局所加振が可能なことが確認できた．

 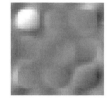
Fig.7 Vibration measurement of the mold using a laser Doppler vibrometer.　Fig.8 Measurement result of mold vibration pattern.

5. 超音波振動付与による樹脂含浸状態への影響

樹脂含浸に及ぼす超音波振動の影響を調査するため，Fig.1 で示した振動付与可能な成形型を用いて，成形法と樹脂を変更しながら成形実験を行った．実験では，3 節と同一の 5 層にしたガラスロービングクロスを強化繊維とし，振動子は周波数を 28.00kHz，入力電圧を ±120V で駆動させた．また，使用した樹脂はビニルエステル樹脂と，市販の手積層用不飽和ポリエステル樹脂である．後者の方がより高粘度で，強化繊維への含浸性が悪い．

Fig.9 から 11 に，各条件での樹脂流れの様子を示す．Fig.9 は不飽和ポリエステル樹脂を用いた RTM 成形，Fig.10 は不飽和ポリエステル樹脂を用いた VaRTM 成形，Fig.11 はビニルエステル樹脂を用いた VaRTM 成形である．これらより，RTM 成形では樹脂流れが駆動する振動子の方向に歪む様子が安定して確認できた．一方で，VaRTM 成形においては，樹脂流れの変化を確認できる場合があるものの再現性がなく，樹脂流れの変化と振動加振を直接結びつける傾向までは得られなかった．

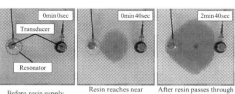
Fig.9 RTM using unsaturated polyester resin as matrix.

Fig.10 VaRTM using unsaturated polyester resin as matrix.

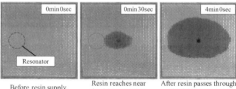
Fig.11 VaRTM using vinyl ester resin as matrix.

6. 結　言

本研究では，RTM 成形および VaRTM 成形において超音波振動付与可能な成形システムを構築した．また，振動様式測定および成形実験により，振動による影響を調査した．以下に得られた結論を示す．

(1) 超音波振動子を設置した成形型を用いることで，局所的な超音波振動を付与した模擬成形が可能である．
(2) 振動付与した RTM 成形では樹脂流れに対する振動の影響が比較的安定して現れ，樹脂流れが駆動させた振動子の方向に歪む．
(3) 振動付与した VaRTM 成形でも樹脂流れが変化する場合があるものの，振動による影響との直接的な関係は確認できなかった．

参考文献

1) 和田明浩，早稲田一嘉，山本浩也，藤井善通，材料，Vol.71，No.5(2022), pp.439-445.
2) Y. Kuratani, A. Miki, N. Nanami, H. Nakatani, H. Hamada, Open Journal of Composite Materials, 8, pp.1-10 (2018).

● おわりに ●

　本書の出版には多くの方々に大変お世話になりました。授業をご担当くださった先生方、コラムを執筆してくださった工学部の先生方、TA・SA のみなさん、受講生のみなさんに心からお礼を申し上げます。私のアイデアを「TIPS」などに図式化してくれたのは、川端健斗さんです。本当にありがとうございました。最後に、本書を出版に導いてくださったナカニシヤ出版の後藤南さんに感謝申し上げます。

　本書が、理系の文章作成に取り組む方々の「自信」につながれば、幸せに思います。ありがとうございます。

2025 年 3 月　中川祐香

● 参考文献 ●

アカデミック・ジャパニーズ研究会．改訂版 大学・大学院 留学生の日本語④ 論文作成編．アルク，2015.

木下是雄（原作）・久間月慧太郎（作画）．まんがでわかる 理科系の作文技術．中央公論新社，2018.

木下是雄．理科系の作文技術（中公新書 624）．中央公論新社，1981.

三森ゆりか．大学生・社会人のための言語技術トレーニング．大修館書店，2013.

中川祐香・藤浦五月．レポートの筋トレ．国書刊行会，2024.

横尾清志．日本語を鍛えるための論理思考トレーニング．ベレ出版，2007.

協 力（五十音順）

■コラム執筆

岩田 明彦	大阪産業大学工学部 電気電子情報工学科　教授
榎　真一	大阪産業大学工学部 機械工学科　教授
小川 和彦	大阪産業大学工学部 交通機械工学科　教授
川端 健斗	大阪産業大学大学院 工学研究科 機械工学専攻
草場 光博	大阪産業大学工学部 電気電子情報工学科　教授
熊澤 宏之	大阪産業大学工学部 電気電子情報工学科　教授
熊本 敏夫	大阪産業大学工学部 電気電子情報工学科　教授
杉山　明	大阪産業大学工学部 交通機械工学科　教授
中山 万希志	大阪産業大学工学部 機械工学科　教授
藤長 愛一郎	大阪産業大学工学部 都市創造工学科　教授
水谷 夏樹	大阪産業大学工学部 都市創造工学科　教授
和田 明浩	大阪産業大学工学部 機械工学科　教授

■執筆協力

浦野 有加	大阪産業大学　非常勤講師
奥中 淳未	大阪産業大学　非常勤講師
川嶋 克利	大阪産業大学 全学教育機構高等教育センター　准教授
川端 健斗	大阪産業大学大学院 工学研究科 機械工学専攻
栗田　裕	滋賀県立大学名誉教授（元大阪産業大学工学部 機械工学科　教授）
西阪　亮	大阪産業大学　非常勤講師

■著者紹介

中川 祐香（なかがわ ゆか）

大阪産業大学工学部 特任講師。専門は日本語教育。著書(共著)に、
『レポートの筋トレ』（国書刊行会，2024）がある。

楽しく学ぶ 理系の日本語トレーニング

2025 年 3 月 31 日　初版第 1 刷発行　　定価はカヴァーに
　　　　　　　　　　　　　　　　　　　表示してあります

　　　　　　著　者　中川祐香
　　　　　　発行者　中西　良
　　　　　　発行所　株式会社ナカニシヤ出版
　　　☎ 606-8161　京都市左京区一乗寺木ノ本町 15 番地
　　　　　　　　　　　　Telephone 075-723-0111
　　　　　　　　　　　　Facsimile 075-723-0095
　　　　　　Website https://www.nakanishiya.co.jp/
　　　　　　Email iihon-ippai@nakanishiya.co.jp
　　　　　　　　　　郵便振替　01030-0-13128

装幀＝鈴木素美／印刷・製本＝亜細亜印刷(株)
Printed in Japan.
Copyright © 2025 by Y. Nakagawa
ISBN978-4-7795-1866-9

本書のコピー、スキャン、デジタル化等の無断複製は著作権法上での例外を除き
禁じられています。本書を代行業者等の第三者に依頼してスキャンやデジタル化
することはたとえ個人や家庭内の利用であっても著作権法上認められておりませ
ん。